ペルーの和食

やわらかな多文化主義

柳田利夫

The Liberal Arts

慶應義塾大学教養研究センター選書

ペルーの和食――やわらかな多文化主義　目次

ペルー
エクアドル
コロンビア
パイタ
チクラヨ
カハマルカ
ブラジル
トルヒーリョ
プカルパ
モロ
チンボテ
ティンゴ・マリア
ユンガイ
ワラス
ワヌコ
チャンチャマーヨ
ワチョ
ワラル
タルマ
チャンカイ
ハウハ
カリャオ
リマ
ワンカヨ
セロ・アスール
カニエテ
プエルト・マルドナード
マチュピチュ
アヤクーチョ
クスコ
ボリビア
イカ
ナスカ
太平洋
チチカカ湖
アレキーパ
モリエンド
チリ

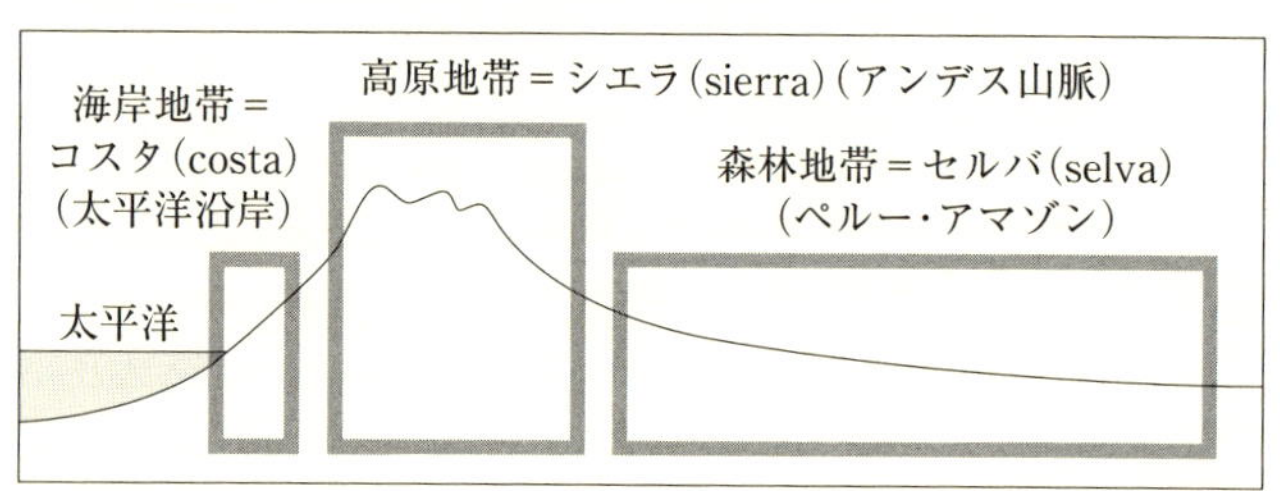
高原地帯＝シエラ(sierra)(アンデス山脈)
海岸地帯＝
コスタ(costa)
(太平洋沿岸)
森林地帯＝セルバ(selva)
(ペルー・アマゾン)
太平洋

はじめに――日本料理、ペルー料理、ニッケイ・フュージョン料理

世界的な日本料理の流行

二〇一三年一二月四日、アゼルバイジャンのバクーで開かれたユネスコ無形文化遺産保護条約の政府間委員会で、「和食　日本人の伝統的な食文化」が正式に登録されてから早くも三年以上の歳月が流れた。食文化の登録としては、二〇一〇年の「フランスの美食術」「地中海の食事」「メキシコの伝統料理」、二〇一一年の「トルコのケシケキの伝統」の登録につづくものであった。一九七〇年代後半からの北米における健康ブームをきっかけとした日本料理への関心の高まりから、ヨーロッパにまで広がった日本食が、流行やブームという域を超えて、中国料理、イタリア料理などと並んで、世界各地で日常的な食文化の一部として受け入れられる存在となってきていることが、和食の無形文化遺産登録への大きな力となっていたことは言うまでもない。

一方、これまでの北米、ヨーロッパだけでなく、近年目覚ましい経済成長を遂げているアジア諸国においても、日本食はここ数年急速なブームの様相を呈している。二〇一五年八月に農林水産省が公表した海外の日本料理店数に関する統計によれば、これまで日本料理流行の中心であった北米の二万五一〇〇店に対し、アジア諸国は四万五三〇〇店を数え、世界全体の日本料理店八万八七〇〇店の半数以上を占めているという（農林水産省二〇一五）。

本書の舞台となる南米ペルーでも、寿司を中心とした日本料理を提供するスシ・バーsushi barと呼ばれる日本料理店が一九九〇年代から首都リマで次第に姿を現わし始めた。二一世紀に入り、ペルーの政治・経済・社会全般にわたる安定と発展とを背景に、日本料理に対する関心・需要も急速に高まりつつある。

しかし、明治期からの一〇〇年以上にわたる日本人移民の歴史がありながら、一九八〇年代末に至るまで、ペルーにおける日本料理は、主に日本企業の駐在員とペルーの上流階級の一部など、ごく狭い範囲にとどまる存在でしかなかった。

首都リマから地方の小さな町に至るまで、街角のあちこちにエキゾチックな装飾を施したチーファchifaと呼ばれる中国料理店が軒を並べ（写真1）、ペルー一般大衆の日常的な外食として中国料理がごく自然に受け入れられている事実と比較した時、ペルーでこれまで日本料理と中国料理が占めてきた位置は、極めて対照的であった。

ペルー料理の流行

ペルー国立統計局によれば、二〇一二年の時点で、推定総人口約三〇〇〇万人のうち二六〇万近いペルー人が国外で生活をしていたという（INEI 2013, p.15）。国民の八・五％が海外で生活を続けているという状況は、ラテンアメリカ諸国では格別驚くほどのものではないが、二〇一四年一〇月の時点で、日本人の長期海外在留者は一九六八年の統計調査開始以来、最大数を記録したと言われても約一二九万人で、日本の総人口約一億二七〇〇万人のわずか一％に過ぎない（外務省二〇一四）。人口規模が日本のほぼ四分の一でしかないペルーから、実数で日本人のほぼ二倍、総人口の割合では一〇倍近い人々が国を離れて生活を送っているということになる。

写真1　店頭に大きくランチメニューが張り出されているリマの街角のチーファ（著者撮影）

　一九九〇年代初頭の日本への出稼ぎブームも、そういったペルー人の「ディアスポラ」（離散）の表れのひとつであり、ペルー国内の政治経済の安定化とともに近年幾分か落ち着きはじめてはいるものの、国外へ出て行く大きな流れは依然として継続している。こうしたペルー人の拡散にともなって、世界各地に広がっていったペルー料理が、今、南米の近隣諸国をはじめ、北米、ヨーロッパ各地で、日本料理につぐ新たなブームをひきおこしつつある。

ペルーは、コスタ costa と呼ばれる太平洋岸に帯状に細く広がる海岸地域、最高峰である標高六七六八メートルのワスカラン Huascarán を擁する二〇〇〇～四〇〇〇メートルのシエラ sierra と呼ばれる中央アンデス高地、そして大西洋に注ぐアマゾン河の源流となるセルバ selva と呼ばれる広大な森林地帯と、地理的・気候的に大きく三つに分けられる。それぞれの地域が南北に大きく広がり、赤道近くに位置しながらも海岸を流れる寒流（フンボルト海流）などの影響が重なり、多様な気候・風土が共存し、豊かな農林水産資源に恵まれている。

民族的にも、ケチュア Quechua やアイマラ Aymara、セルバに現在も住んでいる少数民族などの先住民、征服者として渡ってきたスペイン人、奴隷労働力として導入された黒人、ペルーの独立前後に資本や技術を持って移り住んできたイタリア人、フランス人、ドイツ人、そして独立以降黒人に替わる労働力としてアジアから導入された中国人や日本人といった、様々な民族的起源を持つ人々の子孫と、それらが混じり合ったメスティソ mestizo（混血）と呼ばれる人々とから構成されている。多様な自然・地理・農林水産物・民族・文化それぞれが相互に影響し合う中で、バリエーション豊かなペルー料理の世界も作り上げられてきた。

もっとも、日常的にペルー料理という言葉は、主に海岸地帯の都市部で近代に入ってから生み出されてきた、クリオーリャ料理 cocina criolla と呼ばれている料理を指すことが一般的である。海外でもよく知られるようになっているペルー料理の代表格セビッチェ cebiche やロモ・サルタード lomo saltado もクリオーリャ料理である（写真2）。

写真2　代表的なペルー料理セビッチェ（上）とロモ・サルタード（下）（著者撮影）

セビッチェは、魚介類のマリネ風の料理で、アンデス高原の農産物であるカモテ camote と呼ばれるサツマイモやトウモロコシ、海岸地帯の豊かな魚介類と海藻、日本料理の調味料など、多様な地域的、文化的起源を持つ食材と調理法とがペルーの地で時間をかけて

写真3　高級ニッケイ・フュージョン料理のフュージョン・コース。客の目の前で寿司ネタをバーナーで炙るパフォーマンス（著者撮影）

混じり合い、二〇世紀の中頃に作り上げられたペルーの新しい伝統料理である。

　また、牛肉の細切りとジャガイモ、紫タマネギ、トマトなどを独特の味付けで炒めたロモ・サルタードも、アンデス高原の農産物と、醤油や油で炒めるという中国人移民の調理法とが組み合わされてペルーの地で作り上げられてきたもので、日本人移民が使っていた「味の素」などの調味料も、今ではなくてはならない素材のひとつとなっている。

　こういったペルー料理が、ペルー人の国外への離散・定住を背景に、世界各地で受け入れられ、流行し始めている。その流れの中でここ数年、日系人による創作料理であるニッケイ・フュージョン料理 cocina nikkei fusión と呼ばれるものが、にわかに脚光を浴びるようになっている（写真3）。

ペルーの和食

ペルーにおける日本料理は、歴史的には日本人移民が祖国から持ち込んだ和食の習慣が、ペルーでの生活を重ねるうちに、食材や嗜好、調理法について次第にペルーの影響を受けて変化しながらも、現在に至るまで日系社会の内側で生き続けてきたものである。こうした日系人の家庭食を、彼ら自身は少し前までは、コミーダ・ハポネサ comida japonesa（日本食・和食）と理解し、必要があれば、そのように呼んできた。本書では、混乱を避けるために、以後ペルー日系人の家庭内の和食を、日本の和食と区別する意味で、日系食 comida nikkei という言葉で呼ぶことにする。

一九八〇年代に入ると、家庭内では日系食、外では一般のペルーの食生活を続けながら成長してきた日系二世が、独自の創作料理を作り出すようになり、それに対してペルー社会の側から、ペルー料理の新しいバリエーションとして、ニッケイ料理 cocina nikkei という名が与えられ、高く評価されるようになる。同時に、それ以前から、魚介類などのペルー料理を提供して評判を取っていた日系人の料理人が、家庭内の日系食の味付けや調理法をペルー料理に利用していたことが改めて認識されるようになり、ニッケイ料理は、時間を遡（さかのぼ）って再評価・再定義されるようになっていった。

近年になり、日本文化や日本食の世界的な流行を背景に、日系食とニッケイ料理双方に影響を受けた日系三世の若者たちによって、日本料理を多分に意識した新しいペルーの創作料理が作り出されるようになってきている。それが、ニッケイ・フュージョン料理と呼ばれるもので、今まさに、ペルー国内にとどまらず、南・北米、ヨーロッパでも注目を集め始めている。

本書では、これまであまり紹介されることのなかった、日本人移民の食にまつわる歴史を、具体的な史実に沿って紹介し、ペルーにおける日本食・日本料理の変遷を鳥瞰的に見てゆきながら、ラテンアメリカのペルーという近代国家における、日系社会の一〇〇年以上にわたる経験について考えてみたい。そこに、特定の支配的な文化をどこかで暗黙のうちに前提としていたこれまでの多文化主義を超えるような、多様なものが並存しつつ、相互に影響を与えてゆく、開かれたやわらかな国民文化としての多文化主義を拓(ひら)く可能性が見い出されるのではないかと思うからである。

第1章　初期移住者の食生活

農場での和食

　半奴隷的な中国人苦力（クーリー）労働者に替わる単純労働者として、南米ペルーへ初めて日本人移民が上陸したのは、一八九九年四月三日のことであった。日本政府による事前検閲を経て作成された移民労働契約を結んだ上で、彼らは太平洋岸に散在する農場でサトウキビの収穫や農場附属の製糖工場での労働に従事することになっていた。

　最初の移民たちは、農場主側の契約条件不履行や、文化・習慣の違いによる誤解や対立に加え、経験したことのない風土病に苦しみ、多数の死者を出している。このため、後続移民の送出が数年間延期されることになったほどであった。しかし、日本人移民がペルーに上陸後、真っ先に直面したのは、何よりもまず言葉と食事の問題であった。

神戸や横浜の港で日本の移民船に乗りこんだ移民たちには、四〇～五〇日にわたる航海中、粗末ながらも和食が提供されていた。しかし、ペルーに上陸するやいなや、日本人移民は現地ペルー式の食事をとることを余儀なくされる。牛肉やバター、牛乳といった食材に馴染みのない大多数の移民たち、とりわけ、仏教的な観念から肉食を避ける生活をしていた人たちは、大きな困難に直面することになった。農場から支給される肉類を一切口にせず、病気に苦しみながらも、塩粥を食べてしのぐ日本人移民の姿は、ペルーの人々の嘲笑を買う始末であったという（田中貞吉一八九九、七七－八頁）。

やがて、農場での労働生活に慣れ、自炊用の用具も調い始めると、移民たちは農場内のタンボtamboと呼ばれていた直営売店や、農場周辺で食料雑貨店を開いていた中国人の店で、米や野菜、調味料を買い入れ、自分たちなりの和食を工夫するようになっていった。日本人に先駆けて生活を開始し、労働者から自営業者へと成長していた中国人移民が、ペルーに持ち込み栽培を広めていた米、野菜といった食材や、醤油などの調味料も、日本人移民が和食を維持する上で少なからざる便宜となった。

やがて、農場で生活する日本人が増加し、日本の食料品・雑貨の需要が増大してくると、日本人向けの商品を扱う店を開く日本人移民も出てくるようになった。農場側から提供された土地に、日本から取り寄せた種子を蒔き、日本野菜の栽培を始める日本人も出てきている。

ペルーの首都リマから南に一五〇キロほどのところにあるサンタ・バルバラ Santa Bárbara という名のサトウキビ農場では、ほどなく味噌や醤油の製造はもとより、日本酒の試験的な醸造までが農場内で開始されるようになっていった。このほかにも、豆腐やうどんも製造されていた（野田一九〇八、一七－八頁）。初期移住者たちは、遠くペルーの農場で労働者としての生活を続けながら、和食を維持するために多大な努力を注いだのである。

ペルー料理の受容と飲食店経営

ペルーに渡った日本人の大部分は、いわゆる出稼ぎ労働者であった。一日も早く小金を蓄えて故郷に錦を飾ることを夢見て毎日の厳しい労働に耐え、日々の生活を切り詰めて貯蓄や送金に努めていた。したがって、食材から調味料まで、すべてにおいて高くつくことになる和食に拘泥しているわけにもいかなかった。

日本で生活していた時ですら主食とはとても言えなかった高価な米に代え、サトウキビや安価なペルーの穀類を主食として凌いでゆこうとする者も少なくなかった。中には、路傍に放置された病死した牛の肉を夜間にこっそり切り取って食料にする日本人移民もあり、ペルー人から「日本人と犬と烏とが死んだ牛を掃除する」といった悪口を言われながらも、平然とそれを続ける移住者もいたという記録も残されている（田畑一九〇〇、五一六－七頁）。

日本人移民は自炊用の器具を使って和食の維持に努めていたことはすでに述べたが、同時に、かなり早い時期からペルー料理の調理法も学ぶようになり、周囲のペルー人と同じ食事も徐々に取り始めたことも知られている（田中貞吉一八九九、七七八頁）。農場側の提供するペルー料理の賄いを受ける者もあり、ペルー料理は移民たちにとって、次第に身近なものになっていったようである。

当初は仏教的な観念から肉を口にすることを憚っていた一部の移民たちも、次第に牛肉を副食として受け入れていった。日本人移民の歓心を買うため、公式に休日に定められていた天長節（天皇誕生日）に牛一頭を丸ごと提供するような農場主も現われるようになっていった。

最初の移民の到着から一〇年も経たないうちに、農場で雑貨品の販売を兼ねた飲食店を開く者や、農場近くの小都市に出て飲食店を経営する者も出てくるようになっていく。農場内の飲食店は、単身の日本人移民を主な顧客としており、ご飯に煮物、香の物といった和食が提供されていたが、小都市に出た日本人移民が開いた飲食店は、一般大衆向けにペルー料理を提供する食堂であった（野田一九〇八、一八・二〇頁）。

史料的な制約から移民の食生活全般にわたる詳細な事実関係を明らかにすることはできないが、

日本人移住者は苦労しながら和食を維持する工夫を続けてゆく一方で、ごく早い時期からペルー料理の世界に馴染んでいったことは間違いのないところである。また、農場における単純労働者から社会的な上昇を遂げる方策として、ペルー人にペルー料理を提供する飲食店の経営を始める日本人移民が、早い時期から存在していたことは、ペルーにおける日本人移民の歴史を考える上で、見逃すことのできない点である。

和食への欲求

日本人移民調査を命じられた外務通訳生の濱口光雄は、日本人移民がもっとも集中していたカニエテ Cañete 耕地について一九一二年五月三一日付の報告書で、次のように書き送っている。

「サンタ・バルバラ村の日本人移民の大多数は製糖工場の労働者である。次は飲食店の経営者あるいは料理人である。こういった職業が多い理由は、移民は独身者が多く、炊事に時間を使いたくないので、賄いを受けた方が便利だからである。食事の内容は、朝は紅茶とパン、砂糖で食べ放題である。昼食と夕食は、米のご飯に野菜の煮物など一皿と漬物だけである。もちろんこれでは栄養十分とは言えない。近頃、移民たちは少しずつ贅沢をするようになっており、間食をしたり、美味(おい)しいものを食べたりするようになってきている。日本製の缶詰類などかなり売れているようである。

間食には、饅頭、餅、最中、大福、羊羹、汁粉、蕎麦やうどんなどがある。その他、缶詰や乾物として海外へ輸出している全ての日本の食料品が揃っているように見受けられる。（中略）近頃は、美食を求め、日本の缶詰、乾物、その他の食料品の売行きが激増しており、中には酒に溺れるような浪費者も多く、日本への送金を疎かにする者が増えているのは、大変に嘆かわしい傾向である」（濱口一九一二、二六七・二七八頁）。

　日本人移民の現状調査を命じられた外交官の立場から、出稼ぎ移民の本来の目的である日本への送金が次第に疎かになっていることの原因として、移民たちの美食や間食が批判的に列挙されている。この記述をそのまま事実と受け取ることには慎重でなければならないが、日本人移民の中から単身の移民を顧客にした飲食店を経営する者が現われ、そこでは、朝食は完全にペルー式になりながらも、昼食と夕食については曲がりなりにも和食が提供されていたことが読み取れる。また、移民たちが日本から輸入した種々の食料品、とりわけ、嗜好品を次第に消費するようになっていたことも読み取れる。厳しい労働の合間に、饅頭や大福を楽しみに生活するようになっていった日本人移民に対し、送金を疎かにする嘆かわしい傾向を指摘する濱口の視線が妥当なものであるかどうかの判断は難しい。

ペルーの生活への適応・同化

その一方で、食生活に限ったことではないが、日本人移民がペルーの風俗習慣に次第に適応・同化していった様子については、一九〇九年八月の外務書記生伊藤敬一による次のような興味深い記述が残されている。

「北米における日本人の欠点のひとつとして指摘されているのは、その土地の風俗にうまく同化しないという点である。文化の程度が高い北米のような土地で同化することができない日本人移民が、日本より文化の程度が低いペルーにおいて簡単に同化してしまうのは、いささか奇妙なことである。いわゆる、旅の恥はかき捨てという諺（ことわざ）にあるように、日本人移民は粗野で劣ったペルーの「土人」の行動を見習い、ペルーに四～五年以上在留している者は、ちょっと見ただけではほとんどペルー人と区別ができないほどになってしまう。これを見ると、ペルーへの出稼ぎ移民の精神上の価値を想像するのは、そう難しいことではない」（伊藤敬一一九〇九、七九頁）。

伊藤敬一書記生によるこの記述は、アメリカ合衆国の西海岸で強まっていた排日運動と、外交的な配慮から一九〇八年に日本政府がアメリカ合衆国との間で日本移民の自主規制を決めたいわゆる日米紳士協定を背景に読み取る必要がある。本書で詳しく説明する余裕はないが、当時、日本人移民排斥の理由としてしばしば指摘されたのが、日本人はアメリカの高い文化には同化しない／できないという点であった。

明治維新以来、欧米並の一等国を目指し、日露戦争の勝利によってようやくその地位に近づきつつあると感じ始めていた日本人にとって、北米における日本人への差別や排日運動は大きな衝撃であり、事実として日本の後進性もまた認めざるを得ないところであった。

その反動が、アジアの周辺諸国や南米の諸国に対する差別的な視線に繋がったと言える。外交官である伊藤はもとより、日本人移民自身も、ヨーロッパ系の一部の白人層を除く多くのペルー人を、アジアの周辺諸国の人々同様に、「土人」と呼んで憚(はばか)らなかった。それだけに、いたって無頓着に、日々の暮らしを通じてペルーの日常生活に順応している移民たちの姿に対して、日本の指導者層は焦燥感と苛立ちとを隠しきれなかったのである。そんな官吏の視線を移民たちがどのように受け止めていたのかを史料に基づいて確認することはできないが、日本人移民たちはペルーの生活に次第に適応していった。

第2章　飲食業への進出と日系食

上流家庭の使用人・調理人

日本人移民は、森岡商会、明治殖民会社、東洋移民会社といったいわゆる移民会社との間に労働契約を結んでペルーへと渡航していったが、そこには外務省の認可を得た労働時間、種別、賃金、その他の労働条件が詳細に記載されていた。就労期間は二年から半年まで、時期と農場によって違いがあったが、移民たちの多くは、就労期間を満たすと、より大きな収入の機会が期待できる、首都リマのような都市部ないしは、その周辺地域に移動していった。契約期間の満了を待たず、農場から逃亡し都会に向かう移民もかなりの数にのぼった。ほどなく、初めから都市へ移動することを念頭に置いて、契約労働者としてペルーへ渡航する者すら現われるようになる。

独立に十分な資金を持たずに都市部へと移動してきた移民の中には、上流家庭や社交クラブでの使用人（家僕・ボーイ）や料理人（見習）としての職を得る者も少なくなかった。とりわけ、若い単身者にとっては、安定した収入が保証され、衣食住にかかわる基本的な生活費不要の住み込み労働である、家庭内使用人や料理人の職は、拘束時間こそ長いものの、スペイン語やペルーの生活習慣全般にわたる知識や経験を獲得する上で多くの便宜ともなり、決して割りの悪い仕事ではなかった。また、個人的な人間関係が極めて大きな役割を果たすペルー社会で、上流階級の人々と接触する機会を得られる使用人という職は、独立後に生き抜いてゆくための人脈作りにも役立つものであった。彼らは、それまでの生活で身につけたいささか心もとないスペイン語やペルー料理の知識を利用し、給料を受けつつ、更にスペイン語と料理の腕を磨き、人脈を広げ、独立のチャンスを待ったのである。

森岡商会の現地支配人であった田中貞吉が、最初の日本人移民の渡航から間もない一九〇一年に記した報告書には、次のように記されている。

「移民の中には、日本で純粋の農夫ではなかった者で、自分から好んで家庭内使用人の仕事をしている者が現在二四名いる。ほとんどが、リマやカリャオ Callao（リマに隣接する港町）に住んでいる家族に雇われ、使用人あるいは料理人見習となり、食料、衣服を与えられた他に、毎月一二円から二五円の給料を受け取っている。彼らが目的としているのは、言語や料理法を習得することで

表1　家庭内使用人・料理人数と飲食店数　（単位：人、軒）

年	総数	家庭内使用人	比率	料理人	比率	飲食店
1904	187	49	26.2%	5	2.7%	1
1907	440	89	20.2%	10	2.3%	3
1908	609	94	15.4%	10	1.6%	8
1909	995	154	15.5%	17	1.7%	19
1910	1,006	132	13.1%	34	3.4%	21
1911	1,182	243	20.6%	45	3.8%	23
1912	1,200	227	18.9%	40	3.3%	23
1913	1,180	205	17.4%	57	4.8%	23
1915	1,683	101	6.0%	62	3.7%	76
1916	1,889	135	7.1%	68	3.6%	82
1917	1,875	93	5.0%	76	4.1%	77

出所：「職業別人口表」より著者作成。

あり、多くは、契約期限後二、三年はペルーにとどまってスペイン語や料理に熟達するつもりでいるようである」（田中貞吉一九〇一、九一一頁）。

表1は、日本の外務省通商局が毎年作成していた日本人移民の「職業別人口表」から、リマ首都圏における家庭内使用人と料理人とを抜き出し、在留日本人全体に占める割合を示すとともに、同じ時期に日本人が経営していた飲食店（喫茶店を含む）数の変遷を併せてまとめたものである。日本からの契約移民の流れがようやく恒常的になり始めた一九〇四年末の時点で、リマ首都圏には官吏三名を含め一八七人の日本人が居住していたが、そのうちの四九人が家庭内使用人で、職業区分中最大の職種であった。リマ在住日本人の四人に一人が家庭内使用人であったことになる。次いで雑業三四人、露天商三二人、大工二〇人、商店員・事務員一三人、日雇労働者八

人などがあげられ、料理人も五人と記録されている。

その後も家庭内使用人は増加を続け一九〇九年に一五四人、一九一一年には二四三人にも達したが、それ以降減少に転じ、一九一七年には九三人になっている。もっとも家庭内使用人の日本人総数に占める割合で見れば、むしろピークは移住の初期であり、一九一五年の時点で六%、一九一七年には五%となり、日本人の職業としては時とともに少数グループとなっていったことが読み取れる。

料理人については、一九〇四年には五人だったものが、漸増を続け、一九一七年の時点でも七六人と増加しており、家庭内使用人と並ぶ数字になっている。一方日本人全体に占める割合では、かなり安定して三~四%台を推移していることがわかる。

また、飲食店の数の変遷については、一九一五年を前後して急速にその数が増えたことを確認することができる。これらのことから、家庭内使用人が時とともに独立して飲食店や喫茶店の経営へと展開していったことを想定することができるであろう。移住が始まって間もない一九〇一年に田中貞吉が予見したとおり、移住初期にリマ首都圏で生活していた日本人移民は、家庭内使用人という職業を社会的上昇のステップとして戦略的に選択していたと言うことができる（外務省二〇〇二）。

ちなみに一九一六年七月には里馬(リマ)日本人珈琲店同業組合が、一九一九年二月には里馬日本人洋食店同業組合が、それぞれ設立されている（外務省一九三九）。

一九一五年一一月一〇日の大正天皇即位の礼を期して、一三人の発起人を中心に、日本人コック会も結成されている。即位礼当日、日本領事館主催の即位大礼奉祝大典がリマの中心部にある公園で実施されているが、日本人料理人はペルー人相手の仕事を自分たちの都合で休むことはできず、その日の仕事が終わった午後一一時になってようやく五〇人ほどが集まり、大典祝いの宴会を始めている。そして、明け方の四時には再び朝食の準備のために、それぞれの勤め先に戻っていったという。日本人コック会は、翌一九一六年七月には、七〇名を超える会員を擁する団体に成長し、会員間の相互扶助と情報交換に努めていた（『アンデス時報』五一、七五、八八、一二一号）。

飲食業への進出

一方、農場での契約期間を全うして、帰国旅費として強制的に積み立てさせられてきた金の払戻しと、契約満了時に農場主から提供された賞与（日本人移民が契約途中で脱走することが頻発したため、その防止策として、契約満了時に賞与を与えるようになった）を得た日本人移民の中には、すぐに帰国せず、もう少しまとまった金を蓄えての帰郷を望んでリマへと移動してゆく者が多く見られた。

第一次世界大戦前後から経済的に急成長を遂げていたペルーでは、後にオンセニオ oncenio と呼ばれることになる、一九一九年から一九三〇年まで一一年間にわたるアウグスト・レギア Augusto B. Leguía 大統領の統治下での積極的な経済政策が続けられた。アメリカ資本の導入と、鉄道網・道路網の整備を中心とする公共事業への投資の拡大とによりインフラ整備が進み、首都リマは、それまでの旧植民地の色濃い町から、近代的な都市へと大きな変貌を遂げつつあった。これに呼応し、労働機会を求めて地方から都市部に出てくる人々により、リマでは労働者大衆層が急拡大していた。日本人移民は、そういった大衆層の日常的な消費需要に応え、彼らを顧客とする小規模サービス業に従事することができたのである。

写真４　下級労働者を顧客とする食堂のカウンター
（『移民調査報告』第一）

当時、日本、ペルー双方で、ペルーの日本人移民と言えば床屋peluquero というイメージが一般に抱かれていたが、同時に、大衆層の需要に応える形での小規模なレストランや、軽食を提供するフォンダ fonda（軽食堂）、カフェーcafé（喫茶店）などの飲食サービス業もそれと並んで、比較的少額の資本で開業でき、運転資金も得やすいため、日本人移民が好んで選択した職種であった。先ほど述べたように、家庭内使用人や料理人から独立して飲食店を経営する者も出てくるようになった。改めて指摘するまでもないことであるが、日本人移民たちが提供したのは、もちろんペルー料理であり、顧客もまた、主に労働者階級のペルー人であった（写真4）（野田一九〇八、写真頁）。

天草からのペルー移民

今ではユネスコの世界遺産となっているリマ旧市街、ペスカデリア Pescadería 街の一角に、一九二〇年代末のリマのガイドブックにもその名が記載されている日本人移民の経営にかかる小さなレストランがあった（Laos1929, pp.555,655,690）。このレストランは、熊本県天草郡出身の野中儀三次という、一九一五年一月に契約移民としてペルーに上陸した人物が経営していたものであった。

野中儀三次は、一八九一年、天草下島の南東海岸に位置する閑静な半農半漁の中田村で、分家したばかりの小さな農家の次男として生まれた。二つ違いの長男政一は、日露戦争が終わった翌年一九〇六年、一七歳で大陸殖民合資会社扱いの鉄道工事労働者としてメキシコに向け出発し、一九一〇年、メキシコのソノラ Sonora 州で客死している。兄に代わり、野中家の家督相続者となった儀三次もまた、新しい分家を海外からの送金によって支えるため、一九一四年、森岡商会扱いのサトウキビ農場での契約労働者として、横浜から紀洋丸に乗船してペルーへと出発してゆくことになる。

妻と、ようやく一歳になったばかりの娘ツカエを同伴しての渡航であった。

この時の紀洋丸には、弟喜八夫婦を含め、同じ天草郡から七組の夫婦が乗り込んでおり、揃って太平洋を渡っている。一行がこぞって夫婦連れであったのは、すでに述べたように、都会を目指して農場から脱走する日本人移民が後を絶たないため、夫婦移民は定着率が高いという経験則を得た農場主側が、同じ労働については男女同賃金、契約期間（彼らの場合には二年間）を満了すれば賞与を与える、という条件を提示して、単身者よりは安定した労働力と考えた夫婦移民を優先的に雇い入れようとしたためであった。

一九一四年八月二三日、横浜のペルー領事館で儀三次にペルー入国のためのビザが下付されているが、その日、日本は日英同盟によりドイツに対して宣戦を布告する。儀三次ら一行が横浜を出帆したのは、日本の参戦の四日後、八月二七日のことであった。彼らの乗船した紀洋丸は、ドイツ船が太平洋に出没しているとの噂が広がったため、経由地であったハワイ島のヒロ Hilo 港で出航を見合わせ、結局六九日間にわたり同地での停泊を余儀なくされている。通常の航海より二か月以上長い時間をかけ、紀洋丸から後続の静洋丸に乗り換え、何とかペルーのカリャオ港に到着したのは、年も明けた一九一五年一月七日のことであった（写真5）。

天草からの夫婦移民七組は全員一緒に、カニエテ耕地での労働を開始した。しかし、儀三次夫婦は、農場主の期待も空しく、二年契約の期間満了を待たず、リマ近郊のインファンタス Infantas という名前の耕地に移り、そこで日本人移民の代名詞にもなっていた理髪業を営むことになった。

リマ中心街の野中兄弟

故郷の父親からの催促の手紙を手にしながらも、送金をしばらく控えて床屋をしながら資金を蓄えた儀三次は、遅くとも一九二一年初頭にはリマの中心地、大統領府の建物に面したペスカデリア街に、ペルー人を顧客にしたカフェー・レストランを開いている。

写真5　ヒロ港で静洋丸に乗り換えて出発を待つ天草からの夫婦移民（野中勝氏所蔵）

当時の農村の若者の例に漏れず都会暮らし願望を抱きながらも、天草の中心地である本渡（ほんど）の町で一時染物屋修業をした程度で、入営も都会での生活体験もなく、ペルー渡航以前には理髪の技術はおろか、料理なども全く無縁の生活を送ってきていた儀三次が、サトウキビ耕地における単純労働者としての生活の後、インファンタス耕地では理髪業を営み、こつこつと積み重ねてきた知識と経験、そして資金とをもとに、本渡の町とは全く比較にならない大都会、ペルーの首都リマ、それも大統領府の向かいで、ペルー人向けの料理を提供することになったのである。

ちなみに、このレストランは、その後沖縄県出身の津嘉山朝純という人物に譲渡され、エスペランサ Esperaza という名前のレストランとして、一九六〇年代まで経営が続けられていた（Guía Lascano（ed.）1932, p.712; 櫻井編一九三五a、三一五頁：ペルー新報社一九六六、一〇六頁）。

一方、二つ違いの弟・喜八は、カニエテ耕地で二年の契約期間を全うし、帰国のための積立金と契約満了の賞与金とを得て、直接リマに出てきている。喜八は、儀三次が店を開いた中心街ではなく、リマック Rímac 川を挟んだ対岸、かつて黒人が集住していたと言われるリマの中下層階級が集住していたリマック区にあるマランボ Malambo 街で、レチェリア lechería（牛乳店）と呼ばれる、牛乳販売と軽食喫茶店を兼ねる店をペルー人から買い取って経営を始め、短い期間で兄儀三次を凌ぐ成功を収めている。

写真6　メルセダリア街の牛乳店（野中義雄氏所蔵）

相応の蓄えを得た喜八は、一九二三年、故郷で分家独立するため、繁昌していたマランボの牛乳店を兄儀三次に譲り、ペルーへの再渡航を前提に、一時帰国を果たした。故郷で分家の準備を整えた喜八は、一九二五年、日本で再婚した妻と、尋常小学校を終えたばかりの二人の若い甥を店の労働力としてともない、ペルーへと再渡航している。リマに戻った喜八は、中心街から少し外れてはいるが、人口の増大によって中心街に呑み込まれつつあり、かつ牛乳を仕入れる牧場により近いという地の利のあるメルセダリア Mercedaria 街で再びレチェリアの店を開いた（写真6）。

故郷に錦を飾る

天草の村から、サトウキビ農場の契約移民としてペルーに渡った二人の兄弟は、こうして、第一次世界大戦開始から戦後にかけてのペルーの近代化のうねりの中で急成長を遂げていたリマで、拡大しつつあったペルー大衆層を顧客とした飲食業に携わる生活を続け、兄儀三次は一九二八年に、弟の喜八も一九三二年に、それぞれ一四年、一七年のペルーでの生活を終え故郷の天草へと戻ったのである。ペルーに渡る時には乳飲み子であったツカエを病気で失うという不幸に襲われながらも、ペルーで生まれた二世の子供たちを連れての文字どおりの錦衣帰郷であった。儀三次の長男で第一次世界大戦の最中にインファンタス耕地で生まれた二世の覚は、次の世界大戦において、特攻隊員として一九四五年に戦死している。

彼らの帰国に当たって、店は儀三次、喜八兄弟が呼び寄せた若者たちへと引き継がれていった（柳田一九九三、一七・三五頁）。そのことが日本人移民による都市小規模商業の独占に対する批判へと繋がり、皮肉にも、日本人移民の最大の顧客である、ペルー労働者階級による排日運動を高揚させることになっていった。

アメリカ資本への依存を強めて近代化を進めたペルーは、奇しくも二人の錦衣帰郷に挟まれる時期に起こった世界恐慌の直撃を受け、日本人移民に好意的な姿勢を維持してきたレギア大統領が、サンチェス・セロ Luis Miguel Sánchez Cerro を中心とした軍事クーデターによりその地位を追われ、サンチェス・セロの暗殺後、大統領となったオスカル・ベナビーデス Oscar R. Benavides 時代に、日本人移民の営業制限や、日本人移民そのものの入国制限を狙った大統領令が相継いで発布される苦難の時代を迎えることになるのである。

カリャオ港におけるホテル兼レストラン

日本人移民が上陸する首都リマに隣接する港町カリャオでは、木曽新作という人物が、一九一七年八月六日にチャラキート・ホテル Hotel Chalaquito という名前の、西洋料理店を併設した旅館を開業している。チャラキート・ホテルは、日本人移民が利用するいわゆる移民宿の性格を持っていたものと思われ、船便の手配・案内、船員その他の就職周旋といった日本人のための旅行会社や職業紹介所的な役割も担っていた。

しかし、それと同時に、一般向けのスペイン語のペルー旅行ガイドブックにもカリャオのレストランとしてその名が掲載されていることから、日本人宿泊客だけでなく、ペルー人に対しても西洋料理を提供していたことが分かるのである（『アンデス時報』一一四、一四四号；Palma 1940, p.348）。

このように、ペルーの近代化にともなう都市部（とりわけ、リマ、カリャオの首都圏）での大衆層による消費需要に応えて、多くの日本人がペルー大衆を顧客とした飲食業に関係するサービス業に従事していたのである。そこで提供されているのは言うまでもなくペルー料理、ないし西洋料理であって、日本料理が日本人移民によってペルー大衆に提供されることは全くなかった。

日本人の職業構成

一九二五年の日本人移民の職業構成に関する記録によれば、リマ県内に四六二九人の日本人本業者（有職者）とその家族四四七二人が居住しており、本業者の内訳は以下のとおりであった。

会社員・店員等一一三五人（本業者の二四・五％）

農業関係一〇三五人（サトウキビ・綿花農場の労働者二二・四％）
雑貨・小間物販売六〇七人（一三・一％）
理髪店等二四六人（五・三％）
工場労働者二三七人（五・一％）
家庭内労働者・料理人一七六人（三・八％）
飲食店関係（基本的に経営者）一二二人（三・八％）
「飲食店関係」一二二人は、共同経営者を含めて基本的に経営者であり、「会社員・店員等」（被傭者）というカテゴリーには、実数を知ることはできないがこれらの飲食店で働いていた者が含まれている。また、「家庭内労働者・料理人」も飲食業と関係の深い職種であり、大部分がリマの市街地に集中していたと考えられる。

統計処理上の基準と、地理的な区分とが、時とともに変化しているので、飲食業関係で生計を立てていた日本人の具体数を編年的に追うことは困難であるが、一九三〇年代に入ると、物品販売と飲食関係就業者の割合が増加し、飲食業に従事している日本人は理髪業のそれを凌ぐようになってゆく。同時に、すでに少し触れたように、家庭内労働者の割合が減少傾向に入ってゆくことを確認することができる（外務省二〇〇二）。

なお、飲食店関係就業者の拡大傾向は、日本の太平洋戦争敗戦により、ペルーの日本人移住者が永住を決断せざるを得なくなると一層顕著となり、次第に物品販売就業者を凌駕し、比較的高学歴の二世層がペルー社会で専門職に就くようになる一九七〇年に至るまで、日系社会の中心を占める職業となってゆく（在ペルー日系人社会実態調査委員会一九六九、七四・八一頁；Morimoto 1991, pp.126-60）。

家庭内の和食・日系食

職業としてペルー大衆層にペルー料理を提供してゆく一方で、日本人移民は、夫婦ともに日本人である家庭ではペルーで生まれ育った二世の子供たちも含め、大部分は基本的に日本食を食生活の基本としていた。日本人が都市部に集住するようになってゆくにつれ、日本からの輸入食料品、嗜好品を販売する商店は無論のこと、日本人移民の需要に応える形で、味噌・醤油、日本酒、麵類、和菓子など多様な日本食材の製造販売に従事する商店が、決してその数は多くはないものの着実に成長してゆき、リマに限らず、日本人がそれなりに集住していた地方でも日本の食料品・調味料・嗜好品を入手することが可能になっていった。

他方、そのような便宜の少ない地方のペルー社会で生活を続けた日本人移民や、家庭内では和食を維持しながらも、都市の一般大衆社会で成長していったペルー生まれの二世たちは、自然にペルーの食生活に慣れ親しんでゆくことになった。一九四一年にペルーから日本に戻ったある日系二世は、両親がペルー料理店を経営したこともあってか、家庭内の食事もほとんどがペルー料理で、「白いご飯」は嫌いで、赤飯は大嫌いだった、と述懐している（二〇一四年一一月、日系二世Nさんからの聴きとり）。一般的に、移住先で和食が変化してゆく時、最後まで残るものは、「白いご飯」と「砂糖をいれないお茶」だと言われる。ペルーでもそのように了解されてきているが（Fukumoto 1997, pp.458-63）、現実には戦前期、リマで多くの日本人と接して生活した二世であっても、「白いご飯」よりペルー式に塩やバターで濃く味付けされたご飯を好む層が生まれていた事実は軽視できない。

日本の敗戦後、一世たちがペルーでの永住を決意し、二世層がより積極的にペルーの生活習慣に溶け込んでゆくようになると、家庭内の食生活のペルー化も進んでいった。一世が家族生活のイニシアティブを保持していた時期は、和食が守られることが基本であったが、それとても、二世層の嗜好変化と、一世自身のペルーの生活習慣の受容とが重なり、家庭における認識は常に日本料理・日本食であり続けたものの、事実上、ペルー化の進んだ日系食へと変化を遂げていった。

家庭内でのクリスマスやお正月、天長節の奉祝運動会、県人会による清遊会（行楽を兼ねたピクニック）といった日系社会の恒例行事では、定番である巻き寿司や煮物、年越しそばやお節料理が準備されるのが常であったが、実際には一世の出身地、家庭環境、ペルーにおける社会経済的な位置によって、かなり多様な日本食が並存しつつ、彼ら自身がそうとは気がつかないうちに、日本料理とペルー料理とが自然に混じり合い、それぞれが時間をかけて変化を遂げた日系食となっていったのである（*Kaikan*, n.73, pp.4-6）。

しかしながら、こういった和食や日系食が、彼らが経営する飲食店でペルー社会一般に向け提供されることは全くなかった。例外的に日本人移民と深い関係があり、家族同様の交際をしているペルー人や、エキゾチックな料理に好奇心を持つ上流階層に対して、社交上の接待として提供されるような場合を除き、日系社会の内側では和食・日系食はごく一般的であったにもかかわらず、ペルー社会における日本料理の認知度は、一九八〇年代に至るまでかなり低く、欧米における日本食ブームが直接ペルーに大きな影響を与えることもあまりなかった。

日本人移民の営んでいた飲食店で提供されるペルー料理と、移民たちの家庭内の日系食とが、彼らの認識の上で混じり合わされる（fusión）ことはほとんどなかったが、実際には時とともにペルーの食材や味覚の要素が家庭内の日系食に加味され、移民の出身地域による食生活の差異とも相まって、少しずつそれぞれの家庭内で時間をかけて混じり合い、変質を遂げていたのである。

一世にとって、こうした和食のペルー化は、日本人としてのアイデンティティの上では認めたくない事実であったが、一九七〇年頃から二世たちが日常生活のイニシアティブを取り始めるようになると、日系食のペルー化は急速に進んでいった。その一方で、今度は日系食の要素が、日系人が提供するペルー料理につけ加えられてゆくことになる。

閉ざされた日系食

日系食は家庭を中心とした日系社会の内側にあるべきものであり、その限りであくまでも日本料理であり、自分たちのアイデンティティを繋ぐものであった。しかしながら、その日系食がそれぞれの家庭内において変遷を遂げていることや、家庭によって大きな違いが存在していることについては、ほとんど意識されることはなく、一世は自らを誇り日本人としてのアイデンティティを担保してくれるもののひとつとして、自分たちの日本料理を認識していた。

これに対して、出生によりペルー国籍を与えられ、ペルー社会の一員として生きることになった二世層、とりわけ生まれてからずっとペルーの教育を受けて育ってきた戦中・戦後生まれの二世たちにとっては、一世の抱き続けてきた日本人としてのプライドに理解と共感を抱きつつも、自分がペルー人であるというアイデンティティ形成に向かい、驚異的な戦後復興を達成していった日本に対する大きな揺れ幅のある関心（時には憧れ、そして、時にはある種の反感として）は抱きながらも、日系食を自分たちの日系人としてのアイデンティティ形成にうまく繋ぎ止めてゆくことができなかった。

家庭内の日系食は二世たちにとっては、時には知られるのが「恥ずかしい」とすら感じるものであり、ペルー社会に向けて積極的に提供してゆく価値のあるものであるという認識は、彼らの間にはなかなか育ってゆかなかった（Barbi 2001, pp.19-20）。

戦前期の日本人移民による一等国の国民という過剰な自意識が、それに背中合わせするような形でのペルー人一般に対するネガティブな認識を生み、むしろ日本料理をペルー社会に開かないことで、逆向きに日本人としてのアイデンティティが維持されるといった側面も見られた。

日本料理は、単に慣れ親しんだ味という以上に、ペルー人からはアジア人として差別的なまなざしを受ける中で、それを内側に閉じ込めることで自分たちの誇りを守ってくれるものとして存在していたとも言えよう。一世にとって、現実的に日々進展していた、ペルー社会への事実上の適応・同化を自ら受け入れる一方で、日本料理は、日本人としてのアイデンティティを支えるものとしての機能を果たしていたとも言えるだろう。

第3章　リマの日本料理店

初期の日本料理店

日本人移民が地方の農場からリマの街に続々と集まってくるようになった一九一〇年代初頭には、早くも日本人のための日本料理店が開店している。リマの中心街に開店した八千代亭（後に美吉野、更にかつ山亭と改名）と喜楽園がその代表的な存在である。

それぞれの正確な創業時期は不明であるが、一九一三年一一月に刊行が開始された南米初の本格的な邦字新聞『アンデス時報』創刊号に、サムディオ Zamudio 街の平石利吉（愛媛県出身。一九一二年一〇月契約移民としてペルーに上陸）という人物が、「御料理並ニ下宿」という広告を掲載している。平石は、一九一五年九月には、同じ場所で「和洋会席御料理」店八千代亭を開いている。喜楽園もまた、ほぼ同時期に「会席　和洋料理」店としてヘネラル General 街で営業を始めている

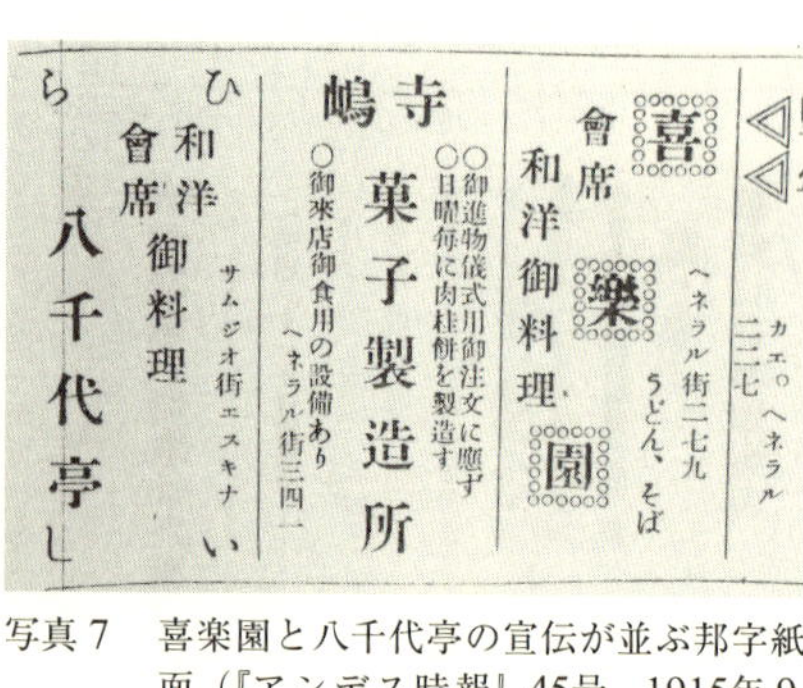

写真7　喜楽園と八千代亭の宣伝が並ぶ邦字紙面（『アンデス時報』45号、1915年9月20日）

（『アンデス時報』一、四五号）。

八千代亭はリマの中心街に近いサムディオ街六九九に、喜楽園はヘネラル街二七九にそれぞれ店を開いていたが、八千代亭はヘネラル街とサムディオ街との角地に、喜楽園は八千代亭から一〇〇メートルも離れていない場所に位置していた（写真7）。

リマで最初の日本料理店が相継いで開業した、リマ2区と4区の境界にあたるこの地域は、現在に至るまでバリオ・チノ barrio chino（中国人街）と呼ばれており、中央市場のすぐ近くのカポン Capón 街周辺は、中国人の経営するチーファ（中華料理店）や雑貨店、食料品販売店が軒を並べ、リマでもとりわけ中国人や日本人が集住していた場所であった。日本料理店もその近くで創業したことになる。ちなみに、八千代亭のあったサムディオ街には、一九二〇年に中央日本人会が自費で開校したリマ日本人小学校が、郊外の新校舎が完成して移転する一九二八年末まで置かれていた。

リマの邦字新聞『アンデス時報』紙上には、「渋き藍色の徳利もて、相馬（焼）の猪口でチビチビと召し上る正宗の味。さては宮島のしゃくしに、杉の香新らしきおはちのご飯。盃洗、塗り膳、割り箸など何事もなつかしき故国の気分を漂わせての日本料理は、又となく忘れがたきものに御座候」といった喜楽園の広告や、八千代亭の「私方の日本屋敷へ是非とも御出をねがいます」といった広告が掲載され、二つの店は日本料理店として互いに覇を競い合っていた。しかしながら、八千代亭も喜楽園も実際には、ともに日本料理の専門店ではなく、和洋会席をうたっていた。ほかにも、和洋料理を時に応じて提供する店が何軒か存在しており、グアダルーペ Guadalupe 街一〇六三にあった宇都宮洋食店というレストランでは、ペルーの独立記念祭（七月二八日）前後の数日に限り、特別に「もち、ぜんざい、うどん、しっぽく、すし、茶碗蒸し、親子どんぶり」といった日本料理を提供していた（『アンデス時報』四五、五〇号）。

また、リマ市内で営業していた、小島屋、東洋館、マキノ屋、熊本屋片山旅館、大和屋、堀田屋など一〇軒ほどの日本人向け旅館でも、簡易宿泊と職業紹介が主な役割であったものの、日本食も提供されていたものと思われる。

また、一年足らずで喜楽園との競争に敗れた八千代亭は、一時廃業同様にまで追い込まれたが、もともと下宿屋を兼業していたこともあって、一九一六年六月二五日には、「高等旅館　和洋御料理並御仕出」の店として、新たな経営者を加え再出発をしている（『アンデス時報』七二、七三号）。

このように、リマの街における初期の日本料理店は、日本人たちの会食の場として営業を開始したが、日本料理だけではなく洋食（おそらくペルー料理）も併せて提供していた。

喜楽園

ヘネラル街の喜楽園を開いたのは、前章で紹介した野中兄弟と同じ天草郡出身の永野関太郎という人物であった。関太郎は、島原湾に面し、対岸に雲仙岳を望む天草上島の志柿（しかき）村で、永野源太・ユリの次男として一八八五年五月に生まれている。一九〇一年に開業したばかりの八幡製鉄所で数年働いた後、そのまま製鉄所で技師となる道を選ぶか、ペルーに渡航して数年で一旗揚げて錦衣帰郷を果たす夢を選ぶか逡巡の末、契約移民としてペルーへ向かう道を選択したという。翌年には最初のブラジル移民を運び歴史にその名を残すことになる笠戸丸に乗り組み、一九〇七年の年明けに日本を離れ、二月初めにはペルーの土を踏んでいる。

彼は、笠戸丸でペルーに上陸した同じ熊本県からの契約移民たちと一緒にカニエテ耕地で二年間就労した後、一九〇九年にはリマの街に出て、単身で資金の乏しい移民が選択する道、上流家庭の住み込み使用人としての生活を開始する。彼を雇ったのは、日本人移民の導入と保護とに力を尽くしたアウグスト・レギア大統領の弟で、後に下院議院議長、ペルーの初代副大統領、上院議院議長などの要職を歴任することになるロベルト・レギア Roberto E. Leguía で、永野関太郎は彼の家で料理人として数年間住み込みで働くことになった。

当時、上流階級の家庭では、黒人や日本人など数人の料理人を雇い、その時の気分で種々の料理を準備させるのが一般的であったという。もっとも、関太郎が得意としたのは、日本料理ではなくペルーの地で習い覚えたクリオーリャ料理であり、すぐに主人の一番のお気に入り料理人となったという。

他方、日本人のリマへの集中が進み、古参の日本人たちは、日本人が寄り合えるような日本料理店の必要性を感じ始めていた。料理の腕を買われた関太郎は、彼らの誘いを受け独立を決心し、数人の古参の移民たちの資金援助を受けて、一九一三年にヘネラル街に「日洋料理店」喜楽園を創業することになったのである。

もっとも、関太郎はレギア家の料理人として数年間ペルー料理の腕を磨いたが、日本料理についてはほとんど素人同然であった。そこで、日本とペルーを結んでいた日本郵船の移民船料理人を引き抜き、日本料理を任せている。一九二〇年代には、「秘露(ペルー)に一度でも足跡を印する者喜楽園を知らざる者なし」と言われるほどの知名度を誇り、喜楽園は日本人社会の社交の場となっていた(田中重太郎一九三二、写真頁)。

関太郎は、一九二六年には同じヘネラル街二七三に更に洋食店兼コーヒー店を開き、喜楽園の方

写真８　喜楽園の会食（1923年）（菅野力夫アルバム）

写真９　喜楽園の会食（1927年）（リマ日本人移民史料館所蔵）

は、専ら日本人料理人と妻のヒサに委ね、自分は得意な洋食店の方を担当するようになった（二〇一四年一一月七日、永野隆良氏（関太郎次男・二世）からの聴きとり）。

写真8は一九二三年九月、写真9は一九二七年五月の喜楽園における会食風景である。前者は世界冒険家という触れ込みで当時ラテンアメリカ諸国を旅して回っていた福島県出身の菅野力夫という人物（若林二〇一〇、一〇八－一一〇頁）の、後者は日本領事荒井金太のそれぞれ送別会の時の記念写真である。おそらく写真8がもともとの「日洋料理店」としての喜楽園、写真9が増設された洋食店兼コーヒー店であると思われる。どちらも、食卓には、丼物、いなり寿司、汁物などの日本料理や和食器が並んでいるが、テーブルクロスやワ

イングラス、生花の飾り、などなど全体の雰囲気は当時のペルー中流階層向けレストランとほとんど変わるところがない。

天井の高い家屋そのものの作りが、当時のリマ中心街にある一般的な植民地スタイルであるのは当然にしても、内装や調度品についても我々が日本料理店といった言葉で想像するようなものではなく、店構えはペルーの中流向けレストランそのものである。

写真10　日本料理の会食(リマ日本人移民史料館所蔵)

写真10は一九三〇年代末の日本料理の会食風景である。ここでは先ほどの送別会と比べて、塗り膳や銚子などが揃っており、より日本料理の会食らしい様子がうかがえる。その一方で、参会者の膝にはナプキンが置かれ、当時の日本では想像できない洋式マナーでの和食の会食が進められている様子を垣間見ることができる。一九二〇年代と変わらず、部屋の内装に日本らしさを演出するものは写真にはほとんど見られない。

こうして、サトウキビ農場での最初の二年間を除き、二五年にわたるペルーでの生活の大部分を料理人として過ごしてきた永野関太郎は、一九三一年、分家独立のための十分な資金を蓄え、ペルーで生まれ育った次男・次女の二世たちとともに錦衣帰郷を果たしている。

一足先に帰国させていた、同じくペルー生まれの長女と長男とを交え、全員がペルー生まれの四人の二世とともに、永野関太郎は天草での生活を再開し、一九六七年に亡くなるまで、二度と飲食業にかかわることも、生まれ故郷を離れることもなかった。なお、関太郎の長男隆一は、終戦のわずか二週間ほど前の一九四五年七月三〇日、フィリピンのルソン島で戦死している。

関太郎は帰国に際して、同じ天草郡の上村出身で、喜楽園の近くで洋食店を営んでいた西村留吉に洋食店の方を譲渡している。西村留吉とは、野中儀三次、喜八兄弟とともに、天草郡出身者の同郷会である天草郡人懇親会で交際を続けていた仲であった。喜楽園の洋食店を譲り受けた西村留吉は、その店にインカという名前を付け、そのまま洋食店として経営を続け、一〇年後、日米開戦直前の一九四一年六月、平洋丸で家族とともに錦衣帰郷を果たした。一九一八年、二三歳でペルーの地に渡り、サトウキビ農場での労働者からスタートしながらも、二三年の出稼ぎ生活のほとんどを洋食店の料理人として過ごした西村留吉もまた、その後天草の地で飲食業とは全く無縁の生涯を送った。

一方、喜楽園の日本料理店は、鹿児島県出身の外山兼康という人物の経営となった。外山は、一九三〇年代の後半には、ヘネラル街から五ブロックほど離れた、リマ3区のワキーヤ Huaquilla 街一一二八に喜楽園を移転している。

すでに述べたように、こういった日本人相互の店舗譲渡は、一九二九年の世界恐慌による経済不安、失業にあえいでいたペルー人労働者層の反感を買い、日本のアジアにおける軍事行動も、排日運動に絶好の口実を与えた。一九四〇年五月一三日、一部学生の政治運動に刺激されたリマの労働者は、日本人商店や住居を狙った大規模な暴動・掠奪事件を引き起こすことになった（排日暴動掠奪事件 Gran Saqueo）。外山の経営していた喜楽園もまた、この時に大きな被害を受け、店にあった大部分の和食器を失っている（「（暴動）被害申告書」）。

日本食料品の製造・販売

資本を持ってペルーに渡り、日本製品の販売や南米の生産物の日本への輸出を進めようとしていた森本商会、橘谷商会、工藤商会といった輸入商も、リマの中心街に日本人が集まってくるようになると、ペルー人を対象にしたエキゾチックな日本製の諸雑貨だけでなく、日本人向けに、味噌、醤油、缶詰、日本酒などの食料品、日本語の雑誌やその他の嗜好品を広範に取り扱うようになっていった。

また、契約移民として働いた後、リマで自営業を始めた移民が経営していた黒飛商店や谷本製造所、少し遅れて西井醸造所では、農場でも行なわれていた味噌や醤油の醸造を本格的に展開し、輸送費、関税のため、かなり値の張る日本製品に代わる廉価なペルー製の和風調味料、食料品を提供してゆくようになっていった。

南米の日本酒と言えばブラジルのカンピーナスにある東山農場で醸造され、現在までその製造が続けられている東麒麟が有名であるが、その醸造開始よりも二〇年近く前の一九一〇年代中頃には、ペルーで南米最初の日本酒であるアンデス正宗の醸造が、愛媛県出身者を中心に設立された共同醸造販売所で開始されている。また、寺島菓子製造所では、大正天皇即位奉祝落雁（らくがん）、君が代落雁やお正月用の餅なども販売され、その他麺類の製造販売も、前後してリマの中心街で始められていた（日秘新報社一九二四：佐藤一九三〇：『アンデス時報』一、二、四五、五〇、五四、八五、一二〇、一二二号）。

このように、リマの街では、一九一〇年代初頭から、日本料理店、日本人旅館、日本食品の輸入販売を行う商店、味噌や醤油、日本酒、和菓子、麺類の製造販売を行う店が営業を開始していた。しかし、和食はあくまでも日本人社会内部のもので、日本料理店として覇を競っていた八千代亭（美吉野）や喜楽園も、新聞広告にわざわざ「和洋御料理並御仕出」「和洋会席」とうたっていたように、洋食も同時に提供していた。通常はペルー料理を提供し、特別な会食の際に、日本料理が提供されていたというのがより現実に近い姿であったのかも知れない。

多くのチーファとそこで提供される中国料理とが、同じ時期にリマの大衆層に広く受け入れられていたことや、ペルーの代表的な大衆料理であるロモ・サルタードに見られる中国料理とペルー料理との間の相互の影響の大きさとを比較すると、その違いは極めて鮮明であった。一般のペルー社会では、日本料理はほとんど見えない存在であったと言っても過言ではない。

戦前期においても、日系食が家庭の外に持ち出される機会が全くなかったわけではない。県人会が主催した清遊会や、毎年、天長節を期して、リマ日本人小学校の「大運動場」で催されていた天長節奉祝大運動会の場では、それぞれの家庭で準備された日本料理が持ち寄られ、家族や友人単位の場で楽しまれていた。しかし、それは家庭食の延長であり、県人会による清遊会や、中央日本人会が主催する運動会自体が、一般のペルー社会に向けて開かれていたものでもなかった。

日本人移民の会食

一日も早く故郷に錦を飾ることを夢見て、節約を重ねていた大多数の日本人移民が、美吉野や喜楽園を利用することは稀であった。これらの日本料理店は、特別な会食や、一部の成功した移民や公使館の関係者が、社交のために利用するといった性格の強い場所であったようである。それ以外の多くの日本人移民は、県人会や同業者組合の集まりの際には、より庶民的で廉価な食事の機会を提供していた中国人の経営するチーファを利用していた。

チーファは何よりもまず経済的であった。また、日本人にとっては馴染みのある食材と調理法、調味料を使用した食事が提供されてもいた。そして、中上流向けの店から一般庶民向けまで、移民たちは目的と自分たちの資力に合わせたチーファを選択することができた。

また、ペルーの中層以上の人々が利用するようなレストランは、ごく一部の日系人社会のリーダーたちが稀に盛装して赴くことはあっても、一般の移住者にとってはほとんど縁のない場所であった（Balbi 2001, p.11）。日系社会のリーダーであっても、そういった場所に足を踏み入れた瞬間に、ペルー上流階級からの差別的な眼差しにさらされることになり、一等国民としての自尊心や自負心が傷つけられる可能性のあることを、彼ら自身も自覚していた。その意味で、中国系の人々が経営するチーファは、御真影の飾られた自宅以外で、日本人移民が安心して一等国民であるというアイデンティティを抱き寄せることのできる、ペルーで数少ない場所のひとつでもあった。

日米開戦と戦後の日系社会

一九二九年の世界恐慌を契機に、恒常的な不景気の時代となった一九三〇年代には、世界各地で外国人移民に対する排斥の動きが広がっていた。ペルーでも、国家主義や労働運動の高まりの中で、親米的な外交政策を取ったオスカル・ベナビーデス大統領によって、日本人移民を意識的に狙った、外国人移民の入国制限や、その営業に種々の制約を課す大統領令が発布された。労働運動に煽動された大衆レベルでの排日運動も広がり、日本人移民は厳しい時代を迎えていた。

一九四〇年五月一三日に起こった排日暴動掠奪事件により、経済的に大きな被害を蒙っていた日本人移民に対し、一九四一年一二月七日の日米開戦により対日国交断絶を宣言したペルー政府は、資産の凍結や没収、外交官・有力者たちの北米への強制送還を行った。これによって日系社会は決定的な打撃を受けることになった。日本語の使用や日本人の集会は禁止され、貴重な情報源であった邦字新聞三紙は廃刊となり、国内旅行も大幅に制限された。日系社会は、祖国日本の勝利を確信しながらも、隠れるような生活を強いられることになった（Gardiner 1981）。

一九四五年八月の日本の敗戦により、日本への帰国の可能性を事実上閉ざされてしまった日系社会は、ペルーへの定住を前提とした生活の道を模索する新しい時期に入ることになる。

一九四七年六月、ようやく日本人の集会と日本語使用の禁止とが公式に解除されると、徐々に日系社会はその活動を再開し始める。一九五〇年七月には、ペルー国籍の二世名義によって邦字新聞『秘露（ペルー）新報』も創刊され、それと前後するように二世たちのための総合運動場建設を目的とする

「太平洋倶楽部」も公式に発足、活動を開始した。一九五三年には、運動場用地の購入契約が結ばれ、一世、二世が揃ってその整地作業に汗を流した。

ラ・ウニオン運動場 Estadio La Unión と名付けられたその運動場は、その後、戦後日系社会復興のシンボルとなり、戦前から続けられてきた天皇誕生日奉祝運動会や、日系社会の公的行事も続々と再開されることになった。

日米開戦と同時に活動を停止していた、中央日本人会や、県人会、婦人会といった組織も、一九五二年の日本の独立回復をひとつの契機として再興され、日系社会は復興の道を着実に辿っていった。

ペルー日本婦人会と日本料理

一九五五年四月、創立早々のペルー日本婦人会は、ラ・ウニオン運動場側から、運営費獲得のための協力を求められることになった。戦中の中断期を乗り越え、戦後も引き続き日系社会最大のイベントとして定着し始めていた天皇誕生日奉祝運動会会場で日本料理を販売し、その利益を運動場へ寄付してもらいたいという申し出であった。

ペルー日本婦人会は、戦前期における、日系社会のリーダーの夫人たちによる慈善事業団体、秘(ひ)

女和会にその起源を持ち、戦後創設（再開）されるようになったきっかけも、ペルー赤十字からの募金活動への協力要請であった。婦人会はそういった慈善事業、社会事業と日系高齢者の慰労活動を主な目的として設立されたものであった。そのため、婦人会が、目的はともかく、営利に関係するようなことに協力するのは好ましくないといった反対意見もあったが、執行部の強いイニシアティブにより、婦人会の会員が運動会の会場で日本料理を提供することになった。のり巻き八〇〇本、いなりずし一六〇〇個、大根漬け四〇キロ以上が作られ、ラ・ウニオン運動場で販売され、そこから上がった利益はそのまま婦人会から運動場へ寄付されている（ペルー日本婦人会議事録一九五五、一五一－三、一五九、一六三－九、一七五葉）。

戦前期にも、天長節奉祝大運動会や県人会単位の清遊会などの行事に家庭で準備された日本料理が持ちこまれていたが、それは家庭の和食の延長であり、販売や営利を目的とするものではなかった。その後、婦人会を構成している地区が、それぞれ分担して日本料理を準備し、それを運動会の会場に持ち寄るという方法へと変えられていったが、これを契機に、日系女性が資金集めを目的にしたキオスコ Kiosco（出店）で日本料理を販売するという形は、その後も日系社会の様々な行事において恒常化し、日本婦人会はもとより、日系人のスポーツや社交クラブ、県人会、村人会単位で、現在に至るまで続けられてゆくことになる。

飲食物のキオスコは、一義的には利益を上げることが目的であったため、売り上げの増加を目指して、来場者の嗜好に合わせる必要があった。このため、一九五八年一〇月に開催された、ラ・ウニオン運動場フットボールチームのための資金集め慈善バザール（ケルメッセ Quermés）に協力した日本婦人会は、会場に設置したキオスコで、のり巻き、いなりずしといった日本料理だけではなく、現代に至るまでペルー人社会において、こういった集まりで提供される定番であるアンティクーチョ anticucho（ウシのハツ（心臓）を特別なタレに漬け込み、串焼きにしたもの）やロモ・サルタードと並んで、セビッチェとピカロン picarón（黒蜜をかけたペルー式の揚げドーナッツ）を販売し、その利益に婦人会からの寄付金を加えて主催者側に手渡している（ペルー日本婦人会議事録一九五八、一三、一七–九葉）。当時、日系行事の参加者は、大部分が日本人である一世か、両親とも日本人である日系二世であったが、すでに、彼らの食生活がペルー化したものとなっていたことを如実に反映していたと言えよう。

婦人会の活動は二つの柱から成り立っていた。ひとつは、ペルー赤十字の街頭募金や癌撲滅募金への協力という、いわばペルー社会での慈善事業であった。もうひとつは、敬老会の開催、養老院の訪問、貧困者への援助といった日系高齢者・貧困者を対象とする、日系社会内部での慈善・福祉事業であった。

後者にかかわる活動では、故郷を懐かしむ日本人高齢者への日本料理の提供が重要な位置を占めることになる。敬老会の会場での日本料理・和菓子の提供や、養老院に収容されている一世高齢者への慰労訪問では、「寿司、煮物盛合せ、餅、まんじゅう」などの日本料理を持参することが婦人会の恒例行事になっていった（ペルー日本婦人会議事録一九七六、一二一葉）。一九五八年年末には、婦人会会長経験者で、前述の喜楽園の経営者でもあった外山暎が講師となり、婦人会主催による「正月料理講習会」も始められるようになった（ペルー日本婦人会議事録一九五八、五五、六一葉）。

後に述べることになるが、一九六七年、ペルー日系社会の活動拠点として日秘文化会館が完成し、喜楽（喜楽園から喜楽へと改称されていた）が会館内の日本食堂で営業を始めるようになると、婦人会主催の敬老会当日に提供される料理も、喜楽で準備されるようになっていった。新年懇親会の席でもまた、日本婦人会によって日本料理が提供されるようになっていった（ペルー日本婦人会議事録一九七二、七三葉）。

こうして日系社会の公的な行事の場における日本料理が、日本婦人会の会員と、日本料理店喜楽によって維持されてゆくことになったが、それらの日本料理も、実はペルーの影響を受けていた日系食であった。

戦後、日系社会の行事の会場では、それまで専ら家庭内で維持・消費されてきた日系食が、公の場に姿を現わすことになったのであり、その後の日系社会での各種行事でも、この日系食が日本料理として提供されてゆくようになる。これらの日系食は、一世が中心になっていた一九七〇年代半ばくらいまでは、できるだけ日本料理に倣うべく意識されていたものであり、一義的には日系社会の内側に向けたもので、一般のペルー社会に向けられていたものではなかった。

一九七八年八月二七日に日本婦人会によって開催された「音楽と舞踏の夕」という文化行事では、出演者に対してロンチェ lonche（軽食）が振る舞われている。パン一五個、ハム四キロ、マヨネーズ三本、ケーキ五個、インカ・コーラ Inca Kola（ペルーの国民的炭酸飲料）一〇ダース、そして「煮物及混御飯」という内容であった（ペルー日本婦人会議事録一九七七、一二一葉）。

日本企業の進出と日本料理店

一九五〇年代から六〇年代のリマでは、戦前期から日本人移民が集中していたリマ旧市街地にあるサムディオ街六三〇のはねだ食堂、グラウ Grau 通り六九六で和歌山出身の山本敏男が経営していた立花など、日系社会に日本料理を提供するいくつかの日本料理店が存在していた。一九一〇年代初頭からの歴史を持つ喜楽園もまた、経営者も替わり、日系人が多く移り住むようになっていたラ・ビクトリア La Victoria 区に店舗を移してはいたが、その営業を続けていた。

一方、戦後日本が高度成長期を迎え、日本企業のペルーへの進出が積極化した一九六〇年代から七〇年代に入ると、日本から赴任してきた日本人をターゲットにした新しい日本料理店が姿を現わすようになってゆく。それは日系社会に生まれていた前述の日本料理店とはいささか異なった系譜に属するものであった。

日本企業の進出がきっかけとなって生じた日本食需用に対応するものとしては、一九六三年一二月に、中心街から離れた新興の商業・住宅地区であるサン・イシードロ San Isidro 区のアウグスト・タマヨ Augusto Tamayo 街一五〇に開店した日本料理レストラン・ミカサ Micasa が有名である。一九七三年には、日本からペルーにやって来た静岡県出身の深澤宗昭（一九四六－）が、本格的な日本料理店フジ Fuji をヘスス・マリア Jesús María 区の日秘文化会館に近いタラタ Taratá 街五二七に開店している（*Kaikan* n.95, pp.24-7）。翌一九七四年には、日系二世実業家ルイス・マツフジ Luis Matsufuji によりマツエイ Matsuei（松栄）が、同じく日系人が比較的集中して居住するようになっていたラ・ビクトリア区のカナダ Canadá 通りに開店し、後にノブという愛称で世界的に著名なシェフとなる松久信幸（一九四九－）（柳原一九九四、二四一～八頁）と、ペルーにとどまり日系社会の新しい料理（ニッケイ・フュージョン料理）の創造にも多大の貢献をすることになるトシローこと小西紀郎（一九五三－二〇一六）が、それぞれ板前として日本からペルーに渡り、その腕をふるうよ

写真11　ホテルの地下に開かれたイチバンのカウンター席（著者撮影）

うになっていった。小西はその後独立して、一九九三年にはシェラトン・ホテルの地下に高級日本料理レストラン・トシローToshiroを開いている（柳原一九九四、二〇～六頁）。また、少し時期は遅れるが、一九九二年に日本漁船の料理人であった中川博康（一九四九－二〇一二）が開いた日本料理店イチバンIchiban（写真11）も忘れることはできない。残念ながら、中川の死去とそれにともなう経営上のトラブルから、二〇一五年に閉店を余儀なくされたが、近年のニッケイ・フュージョン料理流行を背に、深澤宗昭とともに頑固なまでの板前としてのスタイルを貫き、ペルーの若者に日本料理の技術と板前の意識を伝えた功績は、ペルーにおける和食の歴史に書きとどめるに値するものである。

フジ、マツエイ、トシロー、イチバンなどの日本料理店は、直接日本からやってきた日本人の板前が調理を担当しており、リマ旧市街ではなく、ヘスス・マリア区、サン・イシードロ区など新興の商業地域、住宅地域や、高級ホテルの一角で開店している。これまで述べてきたような、ペルーにおける日本料理＝日系食の流れとは直接には繋がることのない、戦後日本から直接齎された日本料理を、日本企業の駐在員やペルーの中上流階層に向けて提供していった。

日系食とペルー料理の世界で暮らしてきた日系二世層には、嗜好の上からも、経済的な面からも、足繁く通えるような場所ではなく、経済的に余裕のある限られた一世たちを除いて、こういった日本料理店を訪れる日系人は少なかった。しかし、新しい日本料理店は、リマは無論のこと、地方に住む日系人の間にもその名前は知られるようになり、ある種の憧れを抱かれる存在となっていたことも事実である（Fukumoto 1997, p.461）。

日本料理の板前

マツエイに板前として招かれた松久信幸は、その後ペルーを去り、北米に移り、持ち前の日本料理の手腕にペルー料理の味覚を加味した高級料理店を開いた。現在では世界有数のシェフに数えられるようになり、世界的なペルー料理のブームと知名度の上昇にも貢献している。また、シェラトン・ホテルにトシローを開店した小西紀郎は、後進の育成に努める一方で、ペルーの豊かな食材の日本料理への応用について啓蒙的な活動を続け、後に述べるニッケイ・フュージョン料理の誕生を側面から刺激する重要な役割を担うことになる。小西紀郎のもとで働いていた日本人板前板垣典之も、その後独立して日本料理店ダンダンDandanを開いている。中川博康のイチバンからは、後述するようにニッケイ・フュージョン料理の牽引者の一人であるディエゴ・オカDiego Okaが育っていった。

日本人の板前による本格的な日本料理を前面に押し出したこれらの日本料理店は、一九九〇年代の後半以降、日系、非日系を問わず多くの板前を目指すペルーの若者たちを育んでいくことになり、結果的にニッケイ・フュージョン料理誕生に少なからざる影響を与えることになった。しかしながら、日本の日本料理とペルーで時間をかけて形成されてきたペルーの日本料理である日系食とが直接影響を与え合うような関係になってゆくには二一世紀を待たなければならなかった。

日秘文化会館と喜楽、ナカチ

日系社会における日本料理を語る上で忘れることのできないものに「会館の日本食堂」がある。ペルーの日系社会で、カイカンKaikan（会館）ないしセントロ・クルツラルCentro Cultural（文化会館）と呼び習わされている日秘文化会館Centro Cultural Peruano Japonésは、戦時中に没収されたリマ日本人小学校などの日本人資産の代償として与えられた、新興住宅地サン・フェリーペSan Felipe地区の土地に、当時の皇太子の臨席を仰いで、一九六七年五月に落成式が執り行われたものである。現在に至るまで、ラ・ウニオン運動場、リマ郊外のペルー沖縄県人会館と並んでペルー日系社会の公式活動の中心となっている。

同会館ではその設計段階から、一階入り口近くに日本食堂を設置することが計画されており、入札によってその経営権を獲得したのが、本書でも何度か名前を挙げてきた日本料理店喜楽であった。当時、外山暎が経営していた喜楽は、会館の落成とほぼ時を同じくしてその食堂での営業を開始し、以後ペルー日系社会における日本料理を代表する存在となってゆく。

一九八二年には、その三年ほど前から同じ会館で喫茶店を開いていた仲地正雄・清美夫妻の手に日本食堂の経営権が移り、ナカチ Nakachi と名称を変更して現在に至っている。会館でナカチを始めた仲地正雄は、契約移民として渡航しリマの中心街で喫茶店を開いていた従兄弟の呼び寄せで一九二六年ペルーに渡っている。しばらく従兄弟の店で働いた後、アンデス高原の町ワンカヨ Huancayo に移り、知り合いの店でやはりペルー人を相手の食堂で働いていた後、蓄えた金と日本人の頼母子講(たのもしこう)を資金として念願の独立も果たしている。

しかし、日米開戦の影響で店を奪われ、一九四八年には、家族を連れて再びリマに戻り、戦前から続いている日系人小学校・時習寮 Jishuryo で日系二世・三世児童の給食を担当して一九七〇年まで勤めあげた。その後、時習寮が、ラ・ウニオン運動場の敷地内に小中高併設のラ・ウニオン学校となって移転すると、サンタ・ベアトリスSanta Beatriz幼稚園として経営を続けていた時習寮にしばらくは残り、そこからラ・ウニオン学校の児童・生徒のために給食を運んでいた。やがてラ・ウニオン運動場のレストランを引き受けることになり、同運動場に拠点を移した。戦後リマに戻ってからの仲地正雄は一貫して日系社会の内側で、日系人のために食事を提供する生活を続けた。

注意しておきたいことは、日秘文化会館の日本食堂を経営する前に、仲地夫妻（清美夫人は日系二世である）が日系二世、三世の児童・生徒のための給食として調理していたものも、ラ・ウニオン運動場のレストランで提供していたものも、すべてペルー料理であったことである。時習寮の父兄会などに際し日系食を準備することもあったが、ごく稀な例外的な機会にすぎなかった。しかし、一九八二年に日秘文化会館内の日本食堂を受け継ぐ条件は、日本料理だけを提供するということであった（Nakachi p.71; 柳田一九九九、二〇一頁）。

日本食堂を喜楽が経営していた時代から調理人として働いていた日本人料理人の西海信夫が残留し、ナカチとなった会館の日本食堂でも、しばらくの間は西海の手で日本料理が提供されていた。しかし、ほどなく西海はリマの中心街でペンションと日本料理店（だるま食堂）を開き独立することになる。そのため、仲地夫妻自身とペルー人の料理人とで、日本料理を調理せざるを得なくなった。その後も、小西紀郎などの助言を得て、より日本料理らしくするための工夫が重ねられたが、そこに、仲地家の日系食、なかんずく沖縄系の食文化の影響が色濃く出るのはある意味避けがたいことであった。

日秘文化会館とラ・ウニオン運動場の日本料理

一九九〇年代に入ると、日秘文化会館を訪れる日系人も、会館内にある高齢者のデイケアサービス施設であるジンナイ・センターJinmai Centerを訪れる一世を除けば、次第に二世から三世の世代に移っていた。会館を運営するペルー中央日本人会そのものもまた、一九八四年三月にペルー日系人協会と公式名称を変更している。こういった現実的な要請に応え、もともと仲地夫妻の得意とするところであったペルー料理がナカチのメニューに加えられることになり、以後、ナカチは、日本料理とペルー料理がメニューに並存することになった。

その後、ナカチ食堂は同じ会館内に二軒目の食堂（キヨミKiyomi、現在はカタナK'tanaという名のニッケイ・フュージョン料理店となっている）を開き、会館の敷地内に隣接して建設された高齢者施設ジンナイ・センターへデイケアにやってくる高齢者の昼食用日本食弁当を引き受ける一方、会館の近くで働く一般のペルー人客の数も増加し、日系社会だけでなく周囲のペルー人にも開かれた食堂として親しまれるようになった。

ただし、後述するようなニッケイ料理が徐々に注目されるようになっても、稀にペルー人が定食やどんぶりものを試みたり、三世や四世が日本料理を注文したりすることはあっても、一般のペルー人がナカチに日本料理を食べに来るようになるには、もう少し時間が必要であった。

一九九〇年代初頭からナカチの日本食に親しんできた筆者の個人的な観察に過ぎないが、ナカチの日本料理は日本人の一般的な嗜好よりは、日系人の嗜好に合った日系食であったように思う。今世紀に入りペルーにおける日本料理のブームやニッケイ・フュージョン料理が本格化するまでのナカチは、沖縄系の家庭の日系食により近い日本料理と、本格的なクリオーリャ料理とが同時に提供されていたと言ってよいであろう。ちなみに、ナカチの料理人は、経営者の家族を除けば、全員非日系のペルー人であった。

一方、ラ・ウニオン運動場は、スポーツ施設というその性格から、日秘文化会館と比べて若い世代の二世や三世がより多く集まる場所であった。一時期仲地夫妻も担当していた食堂では、日秘文化会館がその象徴的な意味からも開館当初から日本料理を提供することに拘泥していたのに対し、普通のペルー料理がほとんどであり、提供されていた日本料理も実際にはかなりペルー化した日系食であった。もっとも、そこで食事をする二世や三世にとっては、この日系食こそがまさに日本料理であった。刺身にアヒ aji（ペルー独特の香辛料）をつけて食べるのが日本料理である、と思い込んで育った日系二世や三世も決して少なくはなかった（Fukumoto 1997, p.469）。

以上のように、本来家庭内に閉ざされていた日系食は、戦後のペルー日本婦人会や二世の社交・スポーツクラブの活動をきっかけに、日系社会の公的な行事で家の外に出ることになり、日秘文化会館の日本食堂や、ラ・ウニオン運動場の食堂でも恒常的に提供されるようになった。

しかしながら、そこで提供されていた日本料理の多くは、専門的な知識や経験を持つ板前や料理人によるものではなく、出身地や社会的な出自、ペルーに渡航した時期、状況や目的、ペルーでの生活体験や家族の状況を異にする一世や、その強い影響を受けた二世たちが、それぞれペルーの地において自己流で調理していた日本料理であり、長い時間をかけてペルー社会の影響を受け変化を遂げていった日系食であった。

他方、ペルーに駐在する日本人や一部の上層ペルー人のために、日本から来た板前が腕をふるう本格的な日本料理店は、一九六〇年代の半ばから姿を現わしていたが、日系社会や日系食と深い繋がりを持たないまま、ペルーは、社会・経済・政治全般にわたる混乱の一九八〇年代を迎えてゆくことになった。

第4章　日系二世とニッケイ料理

新しいペルー料理と日系二世

ペルーへの日本人移民史のごく初期の時代から、日本人の経営する飲食店は、その大部分が一般のペルー人向けにペルー料理を提供するものであった。戦後、二世層がその経営をゆだねられるようになってくると、セビッチェリア cebichería（セビッチェの専門店）、ポジェリア pollería（ペルー式に味付けした鶏の丸焼き pollo a la brasa 専門店）など、比較的新しいペルー料理が生まれ育ってゆくのに、ペルーで作り上げられてきた日系食が少なからざる貢献をするようになってゆく。

一九五〇年代以降、地方から首都リマに向けた大きな人口移動の波がペルーを襲い、リマ周辺の砂漠地帯に、バリアーダス barriadas と呼ばれる、地方出身の低所得者層が極めて簡単な住居を建てて土地を不法占拠することが恒常化するようになる（Driant 1991; Matos Mar 1977）。これに呼応して、ペルー料理そのものもまた、一九五〇年代から急速に進展したリマの都市化と地方からの人口流入によって、多様な要素が混じり合い、混乱と混沌の裡(うち)に大きな変質を遂げていった。

社会移動と人口集中に起因する種々の社会問題も派生し、食料問題解決の一施策として政府主導で始まった魚介類の消費拡大運動が、結果的に現在ペルーを代表する魚介料理セビッチェの一大流行を生み出したとも言われる（Acurio 2006, pp.21-4）。この時期、刺身のように生の魚を薄切りにして、ペルー風に味付けしたティラディート tiradito と呼ばれる料理も流行し、日系二世の経営するレストランが、それまでの肉類・穀類を中心としたペルーの食文化に、魚介類を加えてゆくのに大きく貢献することになる。

もともと魚介類を好み、その調理法に習熟していた日系人は、日系食の素材や調理法をセビッチェや魚介類の料理に応用し、新たに成長してきていたリマ大衆層から高い評価を受けるようになっていった。家庭内の日系食で成長してきていた二世が、それまで日系社会の内側に閉ざされていた日本的な素材や調理法、調味料を、自分たちもその一員であるペルー人に向けた食事に利用してゆくようになるのは、ある意味で自然なことであった。

ミノル・クニガミ Minoru Kunigami（一九一八－二〇〇四）が一九六七年にリマの中心街に開いたラ・ブエナ・ムエルテ La Buena Muerte は、ペルー料理史ではすでに伝説的な存在になっている

（写真12）。クニガミは、それまで生で魚介類を食べることに食習慣の上からも、また衛生上の観点からも抵抗感があったペルー人が、長時間レモン系の搾り汁につけていたセビッチェを、ごく短時間で調理し、素材が新鮮なまま提供するようにした。また、醬油、味噌、生姜といった日系食で用いられてきた調味料を加えることで、魚介類の味を一層引き立てるといった工夫をこらし大きな成功を収める（Acurio 2006, p.26; *Kaikan* n.62, pp.26-7）。リマの人々の海産物への抵抗感をなくし、セビッチェをペルー料理の象徴的存在にまで押し上げてゆく上で、ラ・ブエナ・ムエルテを筆頭とする日系人の経営になる魚介料理の店が果たした役割は小さくなかった。アウグスト・カゲ Augusto Kage のアウ・グスト Ah,Gusto、オクタビオ・オタニ Octavio Otano のロボ・デ・マール Lobo de mar や、オ・カラマル !Oh,Calamar、ラス・アメリカス Las Americas、ラ・ペルラ La Perla、などはその代表的なものである。（Tsumura y Barrón 2013, p.116）。これらの店の多くは、ラ・ブエナ・ムエルテを含め、世代は替わっても今日まで営業を続けている。

写真12　ラ・ブエナ・ムエルテで給仕するミノル・クニガミ（クニガミ家所蔵）

一世は自分たちの日本料理を象徴するものとして、醬油、味噌、味の素といった日本的な調味料を内側に閉ざして利用してきたが、二世は自分たちペルーの新しい味を作り出すためにあまり意識することなくそれらをペルー料理に利用してゆくようになっていった。もっとも、二世の料理人たちは、素材・調味料・調理法に日系食を持ち込んでいったが、自分たちの作るペルー料理を、日本料理と積極的に繋げて考えるようなことはほとんどなかった。もちろん、日本人や日系人の求めに応じて、日本食（日系食）を提供することは彼らにとってそう難しいことではなく、事実として頼母子講や親睦会といった日系人の集まりの際には日系食が提供されていた（写真13）。しかし、それを日系社会の外に向けて広めてゆこうというような発想は全くと言ってよいほど見られなかった。

写真13　ラ・ブエナ・ムエルテでの日系人頼母子講の食事風景。巻き寿司、にぎり寿司、茶碗蒸しなどと並んでペルー料理も一緒に提供されている。茶碗蒸しはコンソメ Consomé と名前を変え現在でも人気メニューのひとつである（著者撮影）

うま味（「味の素」）とペルー

ペルーを代表する料理、セビッチェやロモ・サルタードの下味に、醤油や味噌などとともに、

「味の素」に代表されるグルタミン酸ナトリウムを主成分とするうま味調味料が使われているのは、ペルーでは周知のところである。今では、アンデスの高原都市の小さな露店でも、日本では市販されていない「味の素」の小袋が、ごくありふれた日常的な風景の一部と化している。

日本で「味の素」の一般消費者向け販売が開始されたのは、一九〇九年五月のことであるが、遅くとも一九一五年には、他の日本製食品とともに日本船で運ばれてきた「味の素」がリマの代表的な日本人輸入商橘谷商会で販売されていた。日本人移民の間で「味の素」は、「味噌汁吸物を美味ならしめ、醬油の香味が引立ち、酢の味付は他に類な」い不可欠の調味料として消費され続けた。(『アンデス時報』四五)、缶入りの「味の素」は、年末年始の贈答品として、一世の間では近年まで頻繁に利用されていた。

一九四九年、戦後日本との通商が再開される頃には、山城商店、ウルマ商会、アンデス貿易などが競って「味の素」を販売していた。しかしながら、一九五〇年代初頭までは、「味の素」の消費は、日系社会と中国系社会内に限られ、ペルー社会一般に「味の素」の存在が知られることはほとんどなかった。

ペルー社会に「味の素」を普及させる下地を作ったのは、一九一二年沖縄県糸満市で生まれ、叔父の呼び寄せで一九二九年にペルーに上陸した、金城光太郎（一九一二―二〇〇七）であった。当初、金城は自分よりも実績も資本力もある他の競争相手同様、リマの中心街で日本人と中国人を対象にした缶入り「味の素」の販売を行っていた。しかし、ペルーにおける「味の素」販売権の独占を狙った金城は、戦前生活していたペルー北部地方での体験から、購買力が低い一般大衆向けに、小さなセロファンの袋に二グラム（ないし一・五グラム）の「味の素」を詰めて売り出すことを考え出す。販路さえ確保されれば、缶売りの数倍の利益が期待できたからでもある。金城は宣伝にも工夫をこらし、大衆層に向けた販売に努力を重ね、次第に「味の素」はペルー大衆に受け入れられるようになっていった（柳田・義井一九九九、二六－七頁）。金城の販売実績を評価した味の素本社は、金城に「味の素」の独占販売権を与えた。一九六七年には合弁会社も設立され、翌年ペルー味の素（株）となり製造工場の建設が実現してゆく（味の素株式会社海外事業部一九六六、味の素株式会社一九六七）。ペルー味の素（株）は、東南アジア諸国で行われていた小袋による販売を継続し、金城によって下地が作られていたペルー社会一般への「味の素」販売を拡大してゆくと同時に、時とともに近隣諸国へ輸出を行うまでに成長していったのである。

日本人移民の創意工夫によるペルーにおける「味の素」の大衆層への販路拡張と、六〇年代から始まる日本企業のラテンアメリカへの進出の流れ、そして、日系人による日本の調味料のペルー料理への応用とが重なり合い、交錯したところに、ペルー社会で日本食の「うまみ」が受容されてゆく基盤が作られていった。

ウンベルト・サトウ

後にニッケイ料理のパイオニアとして名を馳せることになる、二世のウンベルト・サトウHumberto Sato（一九四〇–）（写真14）は、呼び寄せ移民として一九二九年に福島からペルーに渡航してきた佐藤直吉と、直吉の呼び寄せで一九三三年にペルーに上陸したヨシとの間に、リマの旧市街で生まれている。ウンベルトはリマの下町で、母が工夫して準備してくれた日本料理で育った。父の直吉は戦前から衣料品の製造・販売の仕事をしており、一九六〇年代にはコンセプシオンConcepción通りの本店の他に、三か所の支店を持つ衣料品販売店（バザールbazar）を経営するまでになり、ウンベルトもラ・ビクトリア区にあった支店を任されていた。しかし、直吉は商売を広げすぎたため運転資金に行き詰まり、破産の憂き目にあう（赤木二〇〇〇、一五七–二〇八頁）。

写真14　厨房で料理するウンベルト・サトウ（Revista Kaikan, no.42）

直吉は、知人からの借金を元手にして、マグダレーナ

Magdalena市場に小さなレストランを開き、多額の負債を返済すべく再スタートを切る決心をする。ペルーに上陸以来、ずっと衣料関係の仕事で生活を続けてきた直吉は、家族のために日本料理を作り続けてきた妻のヨシとともに、リマの大衆層を相手にしたペルー料理を提供する生活に入った（柳田・義井一九九九、二二一―三頁）。

二世のウンベルトも、幼い頃からリマの旧市街でペルー料理、中国料理、そして家の中では日本料理に囲まれ、料理には人一倍関心があったという。二世代の佐藤家の人々の努力で、レストランは順調に営業を続け、やがて日系人の社会的上昇にともなって需要が高まってきていた結婚式・宴会のための仕出し（ケータリングサービス）を依頼されることも多くなり、一時、そちらに専念することになった。

一九七四年には、太平洋に面したサン・ミゲルSan Miguelの海岸近くに家を買い入れ、その地番であるコスタネーラ街七〇〇を取ってコスタネーラ７００Costanera 700という名前のペルー料理と西洋料理のレストランを開いた。ウンベルトが、前述のミノル・クニガミなどの他の二世たちと同じように、母から受け継いだ日本料理（日系食）の調味料や調理法を、レストランで提供するペルー料理に応用したことは言うまでもないが、コスタネーラ７００の台所には、日本人一世である直吉・ヨシ夫妻も立っていた。コスタネーラ７００は、リマの政治家や実業家、美食家の富裕層から次第に高い評価を受けるようになっていった。

そんなある日、ウンベルトが日本料理を知るペルー人の著名な美食家から「スズキの塩焼き」を注文されたことがきっかけとなり、より積極的にペルー料理に日本料理の素材、調理法や調味料を加味して、ペルー人の味覚にも合うような創作料理を始め、日系二世の店としては例外的に上流階層の集う高級レストランのひとつに数えられるようになる（Balbi 2001, pp.10-3）。

コスタネーラ700の成功は、ウンベルト・サトウという日系二世の個性とその才能とに多くを負っていることは間違いない。しかし、ウンベルトは、日本料理のペルーにおける認知度の上昇に従って、次第に料理の盛り付けや食器類にも、日本の日本料理を意識するようになる。また、両親、特に母のヨシが家庭でペルーの食材や環境に適合させつつ守ってきた日本料理、すなわち日本人移民がペルーの生活を通じてペルーという世界に影響を受けつつ時間をかけて作り上げてきた家庭内の日系食にもまた、多くを負っている。直吉・ヨシ夫婦は、最晩年に至るまで、ペルー内外の著名人が訪れるようになったコスタネーラ700の厨房で、ウンベルトとその息子たち、ペルー人使用人の姿を見守っていた。

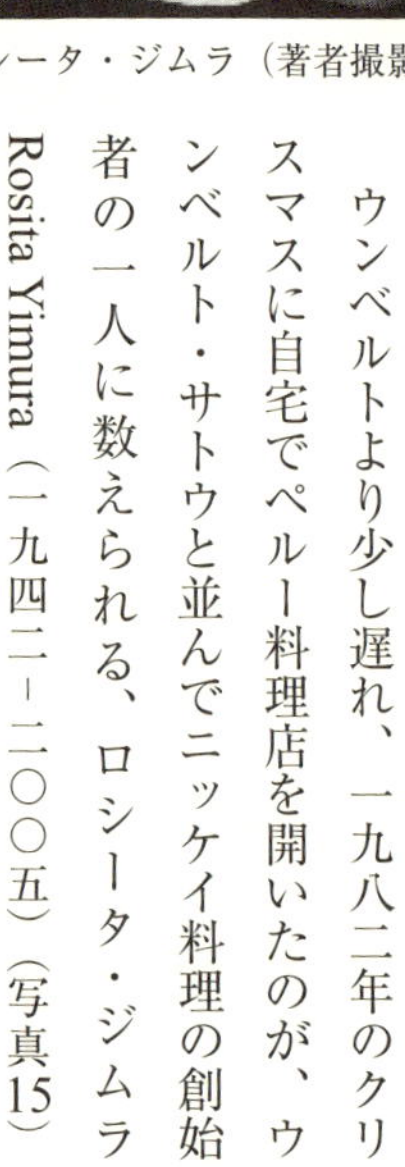

写真15　ロシータ・ジムラ（著者撮影）

ロシータ・ジムラ

　ウンベルトより少し遅れ、一九八二年のクリスマスに自宅でペルー料理店を開いたのが、ウンベルト・サトウと並んでニッケイ料理の創始者の一人に数えられる、ロシータ・ジムラ Rosita Yimura（一九四二－二〇〇五）（写真15）である。日本での滞在経験も日本料理についての特別の知識もない二世のロシータは、幼い頃から慣れ親しんできたペルー料理を自宅の一角で周囲の友人に提供することから始めている。

　両親はカリャオの町で雑貨店を経営しており、彼女自身も戦前のカリャオ日本人小学校の系譜を引く、日系学校ホセ・ガルベス校 José Gálvez を卒業後、戦後日系二世たちが結成していたスポーツやダンスの社交グループで知り合った同じ日系二世の歯科医と結婚している。周囲の日系人とは密接な関係を保っていたが、学校を出るとペルー社会に出て美容師として二〇年以上働き、その間、飲食業とは無縁の生活を続けていた。

もっとも、彼女の兄弟のうち四人がレストランを開いており、彼女もまた料理に対する関心は人並み以上のものであった。そして、レストランを開いている姉に頼まれ、その手伝いをしているうちに、料理への想いが募り、主人を説き伏せて自宅の一部を改装して小さな家庭的なレストランを始めることになったのである。

その後、夫を海の事故で亡くし、ペルーの治安の悪化や、センデーロ・ルミノーソ Sendero Luminoso と呼ばれていた極左グループから「革命税」という名の資金援助を強制された経験から、ペルーでの生活に耐えられなくなり、次女の住むカナダに逃れたこともあった。しかし、「自分は一〇〇％ペルー人で、ペルーで生きるために生まれたのだということがわかりました。私をとりまいてくれている大勢の友人、それなしに生きてゆくことは、私には全く意味がないことに気がついた」彼女は、一九九三年には再びペルーに戻り、ペルー料理のベースの上に、彼女が幼少時から家庭内で慣れ親しんできた日系食の素材や調味料を組み込んで、独特の料理を作り上げていった（柳田・義井一九九九、一一四－五頁）。

ロシータが自己流で作り上げた多彩な創作料理（蛸のスライスをオリーブベースのソースであえたプルポ・アル・オリーボ pulpo al olivo はその代表的なものである）は、友人知人の間で大好評を博し、やがて日本料理をよく知るペルー人美食家の目にとまることとなった。ロシータ自身は日本の日本料理そのものを全く意識はしていなかったが、ロシータの料理は、日系人の手になる新たな創作料理という意味合いで、ニッケイ料理 cocina nikkei と名付けられ、ペルーのグルメたちから高い評価を受けるようになる。彼女の多彩な料理のレシピを載せた本も、一九九五年の年末に、代表的なペルー料理を紹介するシリーズの一冊として出版されている（Cavanagh（ed.）1995）。ロシータはウンベルト・サトウとは異なり、日本の日本料理を意識することも、盛り付けや食器類に日本料理を連想させるものを用いることもなかった。ウンベルトは自分の料理の独創性を主張しつつも、身近な両親の存在もあり、ペルーにおける日本料理の認知度の上昇とともに日本の日本料理との繋がりを表に出していったのに対し、ロシータは最期までそういったスタイルを採ることはなかった。

惜しくも、二〇〇五年に六三歳で彼女はこの世を去ったが、彼女の店は息子によって引き継がれ、彼女の、趣味としての家庭料理で友人を喜ばす、という当初の目的と遺志を受け、住宅街の中にあるロシータの家の一角で、庶民的なレストランとして営業を続けていった（*Kaikan* n.60, pp.26-7）。

ペルー社会に見い出されたニッケイ料理

ニッケイ料理の先駆者とされるウンベルト・サトウも、ロシータ・ジムラも、どちらも自らの料理を自分たちが日系人であることと積極的に繋げてはいなかった。彼らの作り出す料理と彼らが日系人であるという点を結び付けて、それに注目したのは、繰り返しになるが、日本料理について相応の知識と関心とを持っていたペルーの一部の美食家たちであった。

また、二人とも、現在のニッケイ・フュージョン料理のシェフ（スペイン語の料理人、コックである cocinero や、日本語の板前 itamae ではなく、ニッケイ・フュージョン料理の料理人は一般にフランス語の chef からシェフと呼ばれている）たちとは大きく異なり、幼い時から料理についての関心は抱き続けていたものの、料理の世界のプロとなるべく人生設計を立てていたわけでもなかった。料理はもとより、レストラン経営についての専門的な知識や経験を積み重ねてもこなかった。

二人に共通しているのは、戦後世代の日系二世として、ペルー人として教育を受け、家庭内では福島系、沖縄系とペルーとは大きく異なる食習慣を背景にしながらも、ペルーの影響を受けた日系食で幼少期から育てられてきたこと、そして、それぞれ日系人の配偶者を持ちながらも、青少年期からペルー社会でペルー人としての生活体験を積み重ねてきたということである。ウンベルト・サトウの両親についてはすでに触れたが、ロシータ・ジムラもまた、「母は、たいていは日本料理を……沖縄の料理だったのかも知れませんが、作っていました。父はいつも何か自分で工夫して、日本料理はもちろん、ペルー式の料理も作っていました。そんなふたりの影響は大きかったと思います」と語っている（柳田・義井一九九九、一一四–五頁）。

ニッケイ料理は、ペルー人向けのペルー料理レストランを経営してきた日系二世たちによる、新しい魚介類の料理や鶏の丸焼き料理と同じように、家庭内の日系食を背景にペルーで生まれ、ペルー料理のひとつとしてペルー人により発見されたものであったと言っても過言ではない。

一九八〇年代から九〇年代にかけて、日系社会は一世や戦前生まれの二世層から、戦後生まれの二世、三世の時代へと徐々に移っていった。ロシータやウンベルトのような二世の料理が、ニッケイ料理として認知されてゆくプロセスと、その政治家としての評価は分かれるものの、日系人大統領が曲がりなりにもペルー社会の安定を齎(もたら)してゆくプロセス、そして戦後生まれの二世や三世・四世たちが自分自身をごく自然にペルー人と考え、ペルーにおける多様性のひとつとして自らのアイデンティティを構築していったプロセスとは、ほぼ同時進行であり、決して偶然の一致ではなく、相互に深くかかわりながら作り上げられていったものなのである。

それは同時に、ペルーという国家と社会とが、白人文化主体の精神的な植民地支配から最終的に抜け出し、民族的多様性とハイブリッドな文化とをそっくりそのまま自らのものとして受け止めようと決意したことの現われでもあった。都市化してゆく地方文化と、海岸地帯の白人・混血層の文化とのハイブリッド性の象徴であり、時として差別的な意味合いを込めて使われることもあるいささか自嘲的なチョロ cholo という言葉や、アジア系のペルー人を揶揄したチノ chino といった言葉が、むしろペルーの自己主張の表現となってゆくような時代状況を背景に（佐々木二〇〇二）、日系社会はペルー固有の多様性を構成するひとつの社会集団として、また、ニッケイ料理もペルー料理のひとつとして認知されてゆくようになっていったのである。

第5章　ニッケイ料理からニッケイ・フュージョン料理へ

戦後の日系社会

戦後の二世たちは、「ペルー人と仲良くなることを禁じられていた」戦前期の二世とは異なり、「道路で他のペルー人の子供と毎日サッカーをしながら」育ち、自分がペルー人であることにほとんど何の疑いを抱くことなく成長することになった（二〇一二年一月、日系二世Rさんからの聴きとり）。無論、時として、ペルー社会からのいわれのない差別や、親の世代からの、自分もその一員であるはずのペルー人一般に対する差別的な言説などにさいなまれながらも、国籍の上でも自分たちの意識の上でも、自分たちがペルー人であることは疑う余地のないものであった。ニッケイ料理のパイオニアとされるウンベルト・サトウやロシータ・ジムラはそのもっとも年長の世代に属していた。

また、二世たちの社会的上昇を願う一世たちは、子供たちの教育に涙ぐましい犠牲を払い、その結果、リマに居住する日系二世は、同時代の日本の若者に勝るとも劣らない大学への進学率を誇った（柳田一九九七、二八八–九〇頁）。やがて二世たちは、両親が営んできた飲食業、雑貨店などの大衆向けサービス業から抜け出し、医師や技術者、公務員といった専門職の分野へと進出し、着実に社会・経済的な上昇を達成していった。

戦後の一時期を除き、戦前期のような露骨な排日運動や人種的偏見にあまりさらされることなく、むしろペルー社会では比較的恵まれた状況で成長してきたそれに続く三世や四世の若者たちの中から、二一世紀に入ると、ペルー料理の多様性のひとつとしてニッケイ・フュージョン料理と呼ばれる新しいジャンルを立ち上げ、自分たちの日系人としての文化資源をそこに積極的に活用する道を模索する試みが生まれた。

日本料理とペルー料理の世界的な流行や知名度の上昇、情報と人口の高い流動性を背景にした世界各地・各分野におけるフュージョンブーム、そして、ガストン・アクリオ Gastón Acurio という世界的に著名なオーナーシェフ（シェフ兼レストラン経営者）のメディアを総動員したバックアップを受けながら、その流れはますます勢いを増そうとしている。

ニッケイ・フュージョン料理と板前修業

二〇〇六年、サン・イシードロの瀟洒な商店街コンキスタドーレス Conquistadores 通りに開店したハンゾー Hanzo の料理人（シェフ）として成功し、その後独立してリマの高級商業地区ミラフローレス Miraflores にアチェ Ache を経営し、近年再びハンゾーに戻ったハジメ・カスガ Hajime Kasuga（*Kaikan* n.68, pp.20-2）（写真16）、アメリカの大学で料理を学び、同じくミラフローレスに高級レストラン、マイド Maido を開いたミツハル・ツムラ Mitsuharu Tsumura（Tsumura y Barrón 2013）、そして、活動の拠点をアメリカやメキシコに広げ、海外で高い評価を得ているディエゴ・オカ Diego Oka（*Kaikan* n.62, pp.29-31）の三人は、ニッケイ・フュージョン料理の代表的な存在である。

写真16　襟に日本とペルーの国旗、袖に「はじめ」と日本語で刺繍されたコックコートを着たハジメ・カスガ（Álvaro Uematsu-Revista Kaikan）

意外なことに、これら三人に共通する点は、いずれも本格的な板前でもあるということである。ニッケイ・フュージョン料理はこれまで述べてきたニッケイ料理を背景にしながらも、スシや日本料理の板前修業と、日系食や自らの日系人としての生活習慣とを媒介に、日系人の側から積極的にペルー社会に向けて発信された創作料理と理解することができる。

一九八〇年代のペルーは経済破綻やテロリストの跋扈にさいなまれ、リマの旧市街は不法占拠による露天商に道をふさがれスプロール（空洞）化していた。郊外には地方から流入してくる人々が不法占拠した土地に粗末な家を次々と建ててゆくといった、混乱期を迎えていた。進出していた日本企業も、テロの恐怖やペルー政府による一方的な対外債務の凍結などを理由に撤退、ないし規模の縮小を行っていった。日本企業の社員やペルーの上流層を顧客として経営を続けていた数軒の日本料理店も、次第に経営に行き詰まりを見せていた。

日系三世のタケシ・ヤノ（一九六七－）Takeshi Yanoは、当時、そんな日本料理店の老舗のひとつであったマツエイで会計係として働き始めていた。やがて彼は、ペルー経済の悪化により日本人板前の給料を払いきれなくなった店主に頼まれ、ペルー人は寿司職人には絶対なれないと言われていた時代に、マツエイの日本人板前から数年にわたる容赦のないスパルタ教育を受けることになった。一九八八年ようやく日系人として初めての寿司職人として、マツエイで働き始めたタケシ・ヤノは一躍ペルー社会の注目を集めた。その後、日本人の馴染み客の紹介で、一九九〇年から九四年まで日本に出稼ぎに出て、家族への送金と板前修業を兼ねた生活を送った。帰国した彼は、再びマツエイに戻り、ペルー人板前のパイオニアとして名を馳せる。タケシの寿司職人としての活躍は、世界的な日本料理ブームがペルーにも浸透し始めた時期とも重なり、同じ日系人の若者たちの夢を刺激した。ニッケイ・フュージョン料理のパイオニア、ハジメ・カスガも、ヤノのもとで修業を積んだ一人である。

一方、旅行会社を営む日本人の父親と日系三世の母親の間に生まれたミツハル・ツムラは、ペルー料理の教師である祖母と母親の作る日系食やペルー料理で育ち、幼い頃から何度か日本での生活も体験していた（写真17）。アメリカの大学で料理を学び、日本料理の流行を目の当たりにしたミツハル・ツムラは、卒業後、ステーキとスシのレストランを開くことを決意してリマに戻った。しかし、日本人である父親に、日本で修業をする必要を諭され、数年間、大阪の日本料理店で本格的な板前修業を積んで再びリマに戻っている。その後、マイドを開店。ほどなく、その腕前をガストン・アクリオに高く評価され、一躍ニッケイ・フュージョン料理の旗手として名を馳せることになった。寡黙でストイックな日本人板前のステレオタイプからは

写真17　マイドのオーナーシェフ、ミツハル・ツムラ（Álvaro Uematsu-Revista Kaikan）

写真18　マイドの店内（著者撮影）

かけ離れ、雄弁で社交性に富む彼は、ガストン・アクリオと並び、オーナーシェフとして、日系フュージョン料理のスポークスマン的な役割を積極的に担っていった。

ガストン・アクリオが主宰するリマ国際料理フェア・ミスツーラMISTURAの実行委員の一人として名を連ねているミツハル・ツムラの店マイドは、二〇一六年の「世界のベストレストラン・50」The World's 50 Best Restaurants 2016で、前年の一四位から三〇位へと大きく後退したガストン・アクリオが経営するアスツリ・イ・ガストン Astrid y Gastón を凌いで、堂々一三位にランクされるまでになった（写真18）。

ちなみに、マイドには二つのシェフお任せコースがある。ひとつはフュージョン料理コースで、もう一方は、何も形容詞の付かない日本料理コースである。日本人客の前でも、「どちらでも、お好みで」と漲る自信を込めてミツハル・ツムラは微笑む。

一方、海外に活躍の場を移しているディエゴ・オカの場合には、日本料理店イチバンのオーナー兼板前であった中川博康のもとで、厳しい修業に耐えて成長している（写真19）。日系三世として恵まれた家庭環境で成長し、文字どおり何不自由ない生活を送ってきたディエゴ・オカにとって、漁船の料理人からたたき上げてきた中川博康の店で働くことは、決して容易なことではなかったはずである。やがて、その才能をガストン・アクリオに認められ、彼の経営するレストラン、ラ・マール La Mar のシェフとして頭角を現わし、その後、ガストンが海外に展開しているレストランを任されるようになった。二〇一三年にはサンフランシスコの雑誌による Your City, Your Chef 2013 コンテストで六万五〇〇〇票を獲得して一位となるなど、現在ではペルー本国より、むしろ海外で高い注目を集めている。

写真19　ペルー国外で活躍するディエゴ・オカ（Álvaro Uematsu-Revista Kaikan）

これまでの三人の他にも、ロシータ・ジムラに敬意を込めて自らのレストラン、ニッコーNikko のメニューに彼女の代表的な料理プルポ・アル・オリーボを加えたオマール・フランク・マルイ Omar Frank Maruy（*Kaikan* n.51, pp.24-7）、九年間の日本での板前修業を通じて日本料理の精神性に強く影響を受けながらもペルーでの新しいフュージョンを試みているスシ・イトーSushi Ito のロジェル・アラカキ Róger Arakaki（*Kaikan* n.47, pp.25-7）、ウンベルト・サトウの息子で、ニッケイ料理の誕生を目の前で見つめてきた、コスタネーラ７００のシェフ、ジャキル・サトウ Yaquir Sato と、続々とニッケイ・フュージョン料理の有名シェフが登場してきている。

これらのニッケイ・フュージョン料理は、ペルー国内はもとより、中南米諸国にも進出している。ハンゾーやオーサカ Osaka といったペルーのニッケイ・フュージョン料理の有名店は、有望な投資の対象として出資者を仰ぎ、近隣のチリ、エクアドル、ブラジルなどに支店を開き、著名な日系人シェフによりブランド・イメージを固めている（*Kaikan* n.84, pp.22-5）。もっとも、ハンゾーは、当初こそハジメ・カスガの名と技術に依存していたが、彼が一時ハンゾーを離れると、出資者たちは徹底した合理的経営管理を貫き、一般のペルー人料理人に板前としての技術を浸透させ、料理の質の確保をはかることに成功している（二〇一三年一一月二五日、オーナーの一人ノルベルト・ホサカ Norberto Hosaka からの聴きとり）。ハンゾー、オーサカというレストランそのものが徐々にブランドとして海外でも通用するようになってきており、こと実際の厨房レベルにおいては必ずしも日系人シェフの存在は不可欠のものではなくなってきているようにも思われる。しかしながら、ニッケイ・フュージョン料理を名乗る限り日系人シェフの存在はそれがシンボリックなものであるにせよ、ブランドイメージを維持するためには依然として重要な意味を担っていると言えよう。

今世紀に入ってからの急速なペルーの経済成長とともに、資本家・消費者双方の社会的な上昇と、日本料理の世界的な流行、それを背景としたガストン・アクリオの多様なペルー料理による世界制覇の夢などが重なり、ニッケイ・フュージョン料理は、南北アメリカはもちろんのこと、アジアのマーケットをうかがうまでに成長を遂げてきている（*Kaikan* n.100, pp.34-7）。

ペルー料理としてのニッケイ・フュージョン料理

ニッケイ・フュージョン料理のシェフたちの多くは、日本滞在経験の有無・長短にかかわらず、板前としての修業を何らかの形で経験している。ここで初めて、それまで交わることのなかった、日系食・ニッケイ料理と、日本人による日本料理がペルーの地において重なりを見せることになったのである。彼らは、日本人板前のストイックな姿勢や意識、日本料理の芸術的な装飾性や哲学、素材そのものを生かす技術などを積極的に受け止めつつ、彼ら自身のペルー人としてのアイデンティティと生活体験とを基礎に据えて料理の世界に身を置いている。日系人として享受した固有な生活体験に、日本料理の精神性と技術を埋め込み、多様なペルー料理のひとつとして独創性に富む、華麗なペルーにおけるニッケイ・フュージョン料理の新たな地平を切り拓いてゆきつつある。その独創性、多様性の故に、ニッケイ・フュージョン料理の特徴を一言で表現することは極めて困難であるが、日本の日本料理が、その単なる模倣やコピーではない形で、意識的・戦略的に象徴されているところに共通性を認めることが可能かも知れない。

ニッケイ・フュージョン料理のブームは、移民の和食・日系食・ニッケイ料理との単線的な連続性で捉えうるものでは決してない。前述のような時代状況の変化と、日系社会そのものの社会経済的な位置の変化、そして何よりも戦後生まれの二世を含む三世、四世層の確固たるペルー人アイデンティティと、和食の世界的な流行を背景にした、日本料理の板前の世界への接触が齎(もたら)した、極めて幸福な出会いの結果として理解すべき現象であろう。言うまでもなく、それは、これまでのペルー日系社会における長い和食の歴史があったからこその出会いであった。

ペルー料理全体の国際的な知名度の上昇を反映して、ペルーの若者たちの間に料理の世界への関心も高まり、リマの街では世界的に著名なコルドン・ブルーLe Cordon Blueをはじめ、多くの料理学校が若者を惹きつけている。ペルーで社会上昇を遂げてきた日系社会からも、大学を卒業して医師などの専門職に就くことが社会的な上昇で成功であるというこれまでの成功意識から抜け出した若い日系人が、他のペルー人の若者と同じように、シェフを目指すようになっている。海外留学やコルドン・ブルーのような著名な料理専門学校に入学するための経済的な負担に耐えうる層の子弟が、シェフを志望することも少しも珍しいことではなくなった。ペルーの日系の若者が、その日系人というエスニックな文化資源を動員してシェフの世界で差異化をはかるという生活戦略によって、高級料理としてのニッケイ・フュージョン料理が再生産されてきていると言うことができるだろう。

もうひとつのニッケイ・フュージョン料理

他方、これまで述べてきたニッケイ・フュージョン料理が、多様性の中のナショナル・アイデンティティの再構築や、ペルー料理の世界進出といったかなりの政治性を込めた高級料理として立ち上がってきたのに対して、出稼ぎで日本を経験した日系人たちによって、もうひとつのニッケイ・フュージョン料理が生み出されている。フアン・カルロス・タナカ Juan Carlos Tanaka のトーキョー・ラーメン Tokio Ramen（*Kaikan* n.63, pp.24-6）（写真20）、アルベルト・イチカワ Alberto Ichikawa のサトウ・ラーメン Sato Ramen（*Kaikan* n.59, pp.18-9）、近年人気を集めているナルト Naruto など、日本での出稼ぎ体験を生かして、ラーメンや餃子、カレーやカツ丼といった日本の庶民的な食事を提供する店を開く人たちも現われており、日本の大衆料理がペルーの中流層にも徐々に浸透し始めている。それらの店のいくつかでは、日本のものと全く見劣り

写真20　トーキョー・ラーメンの店内（著者撮影）

しないラーメン、カレーやカツ丼と並んで、ペルー人向けに素材や味付けに工夫を加えた創作ラーメン、ドンブリ、カレーといったフュージョン料理がメニューに並んでいることも珍しくない。

写真21　「日本的」な雰囲気あふれるドーモ・サルタードの店内（Alvaro Uematsu-Revista Kaikan）

ラ・ウニオン運動場の食堂でロモ・サルタードを調理していた経験があるフェルナンド・ハヤシダ Fernando Hayashida は、東日本大震災を機に日本での出稼ぎを切りあげてリマに戻り、日本で蓄えた資金をもとに、ロモ・サルタードの店を開こうと計画していた。しかし、ラーメンのリマでの知名度、人気から、店のメニューにラーメンやチャーハンを加えることにしたという。一番人気のロモ・サルタードとラーメンが並んでいるメニューも、ドーモ・サルタード Doomo Saltado という、スペイン語のロモ・サルタードと日本語の「どうも」の言葉遊びになっている店名も、店内の内装に招き猫やアニメのナルト、鉄腕アトムなどをびっしりと描かせているところも、全てが文字どおりのニッケイ・ペルー・フュージョンになっている（*Kaikan* n.75, pp.16-8. 二〇一三年一一月二〇日、フェルナンド・ハヤシダからの聴きとり）（写真21）。

ファン・カルロス・タナカのトーキョー・ラーメンでは、店に入った時の日本語の挨拶から、オーダーの取り方、サービスの仕方に至るまで、日本のラーメン店のスタイルに倣い、日本のビールも各種取り揃えられており、厨房に面したカウンター席にひとり座れば、自分が東京の街角にいるような錯覚すら覚える。

日本の漫画『NARUTO －ナルト－』とラーメンの「なると巻」の掛詞（かけことば）をそのまま店名にしたラーメン店ナルト Naruto は、二〇年近い出稼ぎ経験を持つ日系女性ロサリオ・スズキ Rosario Suzuki が、日本でラーメンの学校に通って知識を蓄えた上で開店したもので、店内は、アニメのキャラクター・グッズはもとより、駅名標や店舗看板など日本の雑多な装飾品で充ち満ちている（*Kaikan* n.79, pp.26-8）。この店でも、味噌・醤油・塩の本格的な日本のラーメンの他に、ペルー人向けのフュージョン・ラーメンとでも言うべきメニューが並んでいる。ドンブリ Donburi という名前の店では、牛丼やチキン丼、焼きそば、お好み焼きといった、日本の日常的な大衆食が提供されている（*Kaikan* n.87, pp.30-2）。

九〇年代初頭まで、スシ程度しか一般のペルー社会では知られていなかった日本料理は、「安くて量が多い」というチーファ（中国料理店）のイメージと正反対の、「高くて量が少ない」というイメージが先行し、日系人自身を含めて中流以下のペルー人にはかなり敷居の高い存在であった。「高くて量が少ない」イメージをあえて残しつつ、高級料理として動き始めたものがニッケイ・フュージョン料理であった。しかし、出稼ぎ経験者が、帰国後の生活の戦略として、ペルー社会に向けて開いている大衆料理店の多くは、日本の味をペルーで再現するだけでなく、ペルー人の嗜好に合わせたラーメンやカレーといった、もうひとつのニッケイ・フュージョン料理を提供するようになっている。これらの店は、チーファとも高級ニッケイ・フュージョン料理の店とも異なり、「高くもなく、少なくもない」新たな選択肢を提供する道を歩みつつ、ペルー料理の世界をまたひとつ広げ、豊かにしてゆくことだろう。

むすび——やわらかな多文化主義

ペルーにおける日本人移民史を食の世界を中心に振り返ってみた時、家庭内の和食（日系食）をホスト社会に向けて積極的に開いてゆこうという方向性は、戦前・戦後を通じて、つい最近まではほとんど見られなかった。その一方で、生活戦略上、日本人移民は積極的にペルー料理を学んでいったばかりでなく、家庭内で維持されてきた和食もまた、事実として時とともにペルー化していった。

外食としての日本食も、戦前期の日本料理店や、日系社会の様々な行事、日秘文化会館の日本食堂などの長い歴史を持っている。しかし、一九六〇年代から始まる日本企業の進出に呼応する形で開かれていった日本人向けの高級日本料理店において提供された日本料理とはほとんど接触することはなかった。その一方で、家庭内の和食はペルー化の度を深めながら消費され続けた。

この状況に大きな変化を与えたものは、日本料理の北米・ヨーロッパにおける流行を知る一部のペルー人美食家による、ニッケイ料理の発見であった。また、アニメを代表とするクールな日本文化の世界的な流行と、日本へのペルー人の出稼ぎも開始されるようになると、日系人・非日系人を問わず、日本の情報が、体験とともに直接ペルーに齎(もたら)されることになった。

一方、ペルー人の海外移住の大きな流れとそれにともなうペルー料理の世界的な流行を背景に、近年、ペルー料理の多様性と豊かさとをペルーのナショナル・アイデンティティ形成と積極的に絡めてゆこうとするガストン・アクリオを中心とする有名シェフたちの活動が大きなうねりを作り上げてきている。

今まさに流行のさなかにあるニッケイ・フュージョン料理は、紛れもなく多様なペルー料理のひとつとして、ペルー人によって見い出され、同時に日系人の側からも名乗りをあげたものであった。ペルー人であり、同時にニッケイであることは、高級シェフを目指す日系の若者によって、生活戦略上の社会文化資源として動員されるものになっていると言ってもあながち過言ではない。

他方、日本への出稼ぎ経験者を中心に、日本での経験や日本からの直接の情報に依拠しつつ創り出されてきているものが、ラーメンやカレーといった現代日本の大衆料理をペルー人の好みに合わせてゆきつつある、もうひとつのニッケイ・フュージョン料理である。

高級ニッケイ・フュージョン料理のシェフの多くが、自分の固有名詞をブランド化し、襟にペルーと日本の国旗のついた、黒や白の高級料理店のシェフ然としたいでたちをしているのに対して、ラーメン店の経営者や料理人たちの多くは名前が表に出ることはなく、Ｔシャツにジーンズといったスポーティな普段着で好対照を見せる。

しかし、与えられた状況と日系人であることを積極的に動員してゆこうとする、逞しい生活戦略においては選ぶところはない。二つのニッケイ・フュージョン料理の間に存在する表面的な揺れ幅は、日系ペルー人にとって、ニッケイであるということが、血液や、体に埋め込まれたＤＮＡ、民族としての運命といったものというよりは、むしろ、多様なペルー人の中で、さらには同じ日系人の中でも、積極的・戦略的に差異化をはかってゆこうとする際の、生活戦略における現実的な選択の幅を示している。

また、忘れてならないのは、ペルー大衆の食の世界に応え、同時に彼らの食の世界の幅を広げていった、日系人料理人の伝統は現在もまだ健在であることである。一〇人足らずで一杯になるカウンター席と厨房だけのアル・トケ・ペス Al Toke Pez は、二〇一一年、リマの下町にトシ・マツフジ Toshi Matsufuji が母親と一緒に開いた魚介類専門のささやかな大衆食堂である（写真22）。トシの父親ダリオ・マツフジ Darío Matsufuji は、長年にわたり高い評価を受けてきた魚介類専門レストラン、ラ・コシーナ・デ・ダリオ La Cocina de Darío を営んでいたが、トシ自身は料理の世界とは無縁の生活を送り、イギリスに留学し化学の博士号を取得して帰国している。彼は、父親が亡くなったためその店を受け継ぎ、図らずも料理の世界へと入りこむことになった。その後種々の事情から父の店を閉め、折りからの高級ニッケイ・フュージョン料理の流行を背に、安くて量が多く美味しい料理を提供するという、日本人移民史の食の原点に戻るような、一般大衆向けの食堂を開く決心をする。アル・トケ・ペスは、開店すると口コミで評判が広がり、近隣の住民はもとより、リマのグルメ層からも高い評価を受けるようになった。メニューは四、五点だけで、平日の昼食どきの数時間しか営業しないアル・トケ・ペスには、リマの大衆に混じって、ペルーの料理界の重鎮ガストン・アクリオを始め、本書にも名前の挙がったニッケイ・フュージョン料理の有名シェフ達もしばしば姿を見せる（*Kaikan*, n.77, pp.20-3）。

写真22　ペルー大衆の求める、安くて美味しい魚介料理を提供するアル・トケ・ペス。（Jaime Takuma-Revista Kaikan）

ペルー大衆に安価で美味しい料理を提供し続けてきた、日系人によるペルー大衆食堂の系譜はとぎれてはいない。マクドナルドばりに首都圏にチェーン店を広げているペルー式鶏の丸焼き店から、街角のひっそりとした大衆食堂まで、グルメに支持される華やかな高級ニッケイ・フュージョン料理の流行と並行して、目立たないながら、もっともペルー社会に開かれた、日系社会の食文化への貢献は今も続いている（写真23）。

一世たちが持ち込んだ和食が、長い時間をかけて少しずつペルー社会に向けて開かれ、日系食やニッケイ料理となり、ペルー社会に融合した時に、ペルー人としてのアイデンティティを持った世代が、現代の日本料理の技術や精神性を受けとめ、それをそれまでのペルーの和食の歴史に繋ぎとめることで、ニッケイ・フュージョン料理という新たなペルー料理の世界が広がり始めたのである。

写真23　トシ・マツフジが母親と営む大衆食堂アル・トケ・ペス（著者撮影）

精神的な植民地であることから離脱することによって、多種多様な文化が相互に影響を受け、かつ与えつつ、変容しながらも横並びに共存することが可能になりつつある現在のペルーで、ヘゲモニー文化の存在しない開かれた国民文化としての多文化主義が花開こうとしているように見える。ペルーの和食は、世界的な日本料理の流行とペルー料理の流行という二つの流れの重なる、理想的な位置に置かれている。

Peruano) 1928-1929. Lima: Editorial Perú.
Matos Mar, José 1977 *Las barriadas de Lima 1957*. Lima: Instituto de Estudios Peruanos (2da. Edición).
Morimoto, Amelia 1991 *Población de origen japonés en el Perú: Perfil Actual*. Lima: Comisión Conmemorativa del 90° Aniversario de la Inmigración Japonesa al Perú.
Nakachi, Masao y Nakachi, Graciela s/d *El Tenue Resplandor de la Grandeza. El Pequeño Inmigrante*. Lima: s/d.
Palma, Edith 1940 La Guía Azul Lima Antigua y Moderna, Lima: Ediciones Front.
Stein, Steve (ed.) 1986-1987 *Lima Obrera 1900-1930*. Tomo 1-2. Lima: Ediciones El Virrey.
Tsumura, Mitsuharu y Barrón, Josefina 2013 *Nikkei es Perú*. Lima: Telefónoca del Perú.
Yamawaki, Chikako 2002 *Estrategias de vida de los inmigrantes asiáticos en el Perú*. Lima: Instituto de Estudios Peruanos y The Japan Center for Area Studies.

〈新聞・雑誌〉
『アンデス時報』（リマ日本人移民史料館所蔵）
『ペルー新報』
Kaikan, Asociación Perunano Japonesa

〈一次史料〉
「ペルー日本婦人会議事録」（リマ日本人移民史料館）
「（暴動）被害申告書」（在リマ日本国総領事館所蔵史料〈国立国会図書館マイクロフィルム〉）
「海外在留本邦人職業別人口調査一件」（外務省外交史料館・外務省記録7.1.5.0.4）
野中勝氏所蔵史料（熊本県天草市）
野中義雄氏所蔵史料（熊本県天草市）
永野隆良氏所蔵史料（北海道札幌市）

Perú.

Altamirano Rua, Teófilo 1996 *Migración. El fenómeno del Siglo. Peruanos en Europa Japón-Australia.* Lima: Fondo Editorial de la Pontificia Universidad Católica del Perú.

Altamirano Rua, Teófilo 2000 *Liderazgo y Organizaciones de Peruanos en el Exterior. Culturas Transnacionales e Imaginarios sobre el Desarrollo.* Lima: Fondo Editorial de la Pontificia Universidad Católica del Perú.

Balbi, Mariella 2001 *La Cocina Según SATO, Pescados y Mariscos a la Manera Nikkei.* Ulima: Universidad San Martín de Porras.

Banco Interamericano de Desarrollo 2004 *Cuando Oriente llegó a América. Contribuciones de inmigrantes chinos, japoneses y coreanos.* Washington,D.C.: Banco Interamericano de Desarrollo.

Cavanagh, Jonathan (ed.) 1995 *Las Recetas de Rosita Yimura. La Cocina Nikkei y Algo más.* Lima: Peru Reporting

Driant, Jean-Claude 1991 *Las barriadas de Lima. Historia e interpretación.* Lima: Instituto Francés de Estudios Andinos y Centro de Estudios y Promoción del Desarrollo.

Fukumoto, Mary 1997 *Hacia un Nuevo Sol. Japoneses y sus descendientes en el Perú.* Lima: Asociación Peruano Japonesa del Perú.

Gardiner, C. Harvey 1981 *Pawns in a triangle of hate: the Peruvian Japanese and the United States,* University of Washington Press.

Guía Lascano (ed.) 1932 *Guía Lascano 1932. Gran guía general del comercio y de la Industria, professioneles y elemento oficial del Perú.* Lima: Librería e Imprenta "Guía Lascano".

INEI (Instituto Nacional de Estadística e informática) 2013 *Estadísticas de la emigración internacional de peruanos e inmigración de extranjeros 1990-2012*

Laos, Cipriano A 1929? *LIMA. La Ciudad de los Virreyes* (*El libro

書』第33巻、1956年）
日秘新報社 1924『南米秘露暮利比亜写真帖』日秘新報社（リマ）
日本人ペルー移住80周年祝典委員会 1982『アンデスへの架け橋』同委員会（リマ）
農林水産省 2015「海外日本食レストラン数の調査結果の公表及び日本食・食文化の普及検討委員会の設置等について」（農林水産省 web サイト）
野田良治 1908「秘露国本邦移民労働地視察報告書（明治41（1908）年 3 月頃）」（外務省通商局編『移民調査報告』第一、1908年）
濱口光雄 1912「秘露国「カニエテ」耕地視察報告」（外務省通商局編『移民調査報告』第十、1912年）
ペルー新報社　1966『在ペルー日系人住所録』（リマ）
簑原俊洋 2006『カリフォルニア州の排日運動と日米関係』有斐閣
柳田利夫 1993「リマ市におけるレチェリア（牛乳商）と天草郡出身ペルー移民」（『史学』62-4）
柳田利夫 1997『リマの日系人　ペルーにおける日系社会の多角的分析』明石書店
柳田利夫 1999『ペルー　太平洋とアンデスの国』中央公論新社
柳田利夫・義井豊 1999『ペルー日系人の20世紀　100の人生100の肖像』芙蓉書房出版
柳原和子 1994『「在外」日本人』晶文社
若林純 2010『謎の探検家菅野力夫』青弓社

〈洋書文献〉

Acurio Gastón 2006 *La cocina nikkei.* (*Las cocinas del Perú por Gastón Acurio.* Tomo 4). Lima: El Comercio.
Altamirano Rua, Teófilo 1992 *Exodo. Peruanos en el exterior.* Lima: Fondo Editorial de la Pontificia Universidad Católica del

文献一覧

〈日本語文献〉

赤木妙子 2000『海外移民ネットワークの研究』芙蓉書房出版
味の素株式会社 1967『ペルー味の素（株）設立計画説明書』
味の素株式会社海外事業部 1966『ペルーブラジル出張報告』
伊藤敬一 1909「秘露国本邦移民事情報告（明治42（1909）年 8 月）」（外務省通商局編『移民調査報告』第五、1909年）
伊藤力 1974『在ペルー邦人75年の歩み』ペルー新報社（リマ）
外務省 1939『在外日本人会並実業団体調』
外務省 2002『海外各地在留本邦人職業別人口表』不二出版（復刻版）
外務省 2014「海外在留邦人数調査統計」（外務省 web サイト）
熊本海外協会秘露支部 1929『熊本海外協会秘露支部創立拾周年記念会報』同支部（リマ）
在ペルー日系人社会実態調査委員会 1969『ペルー国における日系人社会』同委員会（リマ）
櫻井進編 1935a『在秘同胞年鑑』日本社（リマ）
櫻井進編 1935b『移植民の楽土』日本社（リマ）
佐々木直美 2001「ペルー民衆文化における「チョロ」像の変遷」『法政大学教養部紀要』115号
佐藤福槌 1930『御即位御大礼記念海外事情写真帳』関門高等洋裁女学院
田中重太郎 1932『南米一周記念写真帳』リマ日報東京支社
田中貞吉 1899「秘露国移民情況概略」（外務省編『日本外交文書』第32巻、1955年）
田中貞吉 1901「各耕地移民現況報告書」（外務省編『日本外交文書』第34巻、1956年）
田畑健造 1900「秘露移民情況報告」（外務省編『日本外交文

刊行にあたって

いま、「教養」やリベラル・アーツと呼ばれるものをどのように捉えるべきか、教養教育をいかなる理念のもとでどのような内容と手法をもって行うのがよいのかとの議論が各所で行われています。これは国民全体で考えるべき課題ではありますが、とりわけ教育機関の責任は重大でこの問いに絶えず答えてゆくことが急務となっています。慶應義塾では、義塾における教養教育の休むことのない構築と、その基盤にある「教養」というものについての抜本的検討を研究課題として、2002年7月に「慶應義塾大学教養研究センター」を発足させました。その主たる目的は、多分野・多領域にまたがる内外との交流を軸に、教養と教養教育のあり方に関する研究活動を推進して、未来を切り拓くための知の継承と発展に貢献しようとすることにあります。

教養教育の目指すところが、単なる細切れの知識で身を鎧うことではないのは明らかです。人類の知的営為の歴史を振り返れば、その目的は、人が他者や世界と向き合ったときに生じる問題の多様な局面を、人類の過去に照らしつつ「今、ここで」という現下の状況のただなかで受け止め、それを複眼的な視野のもとで理解し深く思惟をめぐらせる能力を身につけ、各人各様の方法で自己表現を果たせる知力を養うことにあると考えられます。当センターではこのような認識を最小限の前提として、時代の変化に対応できる教養教育についての総合的かつ抜本的な踏査・研究活動を組織して、その研究成果を広く社会に発信し積極的な提言を行うことを責務として活動しています。

もとより、教養教育を担う教員は、教育者であると同時に研究者であり、その学術研究の成果が絶えず教育の場にフィードバックされねばならないという意味で、両者は不即不離の関係にあります。今回の「教養研究センター選書」の刊行は、当センター所属の教員・研究者が、最新の研究成果の一端を、いわゆる学術論文とはことなる啓蒙的な切り口をもって、学生諸君をはじめとする読者にいち早く発信し、その新鮮な知の生成に立ち会う機会を提供することで、研究・教育相互の活性化を図ろうとする試みです。これによって、研究者と読者とが、より双方向的な関係を築きあげることが可能になるものと期待しています。なお、〈Mundus Scientiae〉はラテン語で、「知の世界」または「学の世界」の意味で用いました。

読者諸氏の忌憚のないご批判・ご叱正をお願いする次第です。

慶應義塾大学教養研究センター所長

柳田利夫（やなぎだ としお）
慶應義塾大学文学部教授。
1978年、慶應義塾大学文学部助手。
1980年、慶應義塾大学大学院博士課程修了。
1997・2002年、ペルー・カトリカ大学人文学部訪問教授。
『アメリカの日系人――都市・社会・生活』同文舘出版、1995年。
『ハワイ移民佐藤常蔵書翰――近代日本人海外移民史料』慶應通信、1995年。
『リマの日系人――ペルーにおける日系社会の多角的分析』明石書店、1997年。
『ペルー日系人の20世紀』芙蓉書房出版、1999年。
『ペルー 太平洋とアンデスの国 近代史と日系社会』中央公論新社、1999年。
『ラテンアメリカの日系人』慶應義塾大学出版会、2002年。

慶應義塾大学教養研究センター選書16

ペルーの和食――やわらかな多文化主義

2017年3月31日 初版第1刷発行

著者――――――柳田利夫
発行――――――慶應義塾大学教養研究センター
代表者 小菅隼人
〒223-8521 横浜市港北区日吉4-1-1
TEL：045-563-1111
Email：lib-arts@adst.keio.ac.jp
http://lib-arts.hc.keio.ac.jp/
制作・販売所――慶應義塾大学出版会株式会社
〒108-8346 東京都港区三田2-19-30
装丁――――――斎田啓子
組版――――――株式会社キャップス
印刷・製本―――株式会社 太平印刷社

Printed in Japan ISBN978-4-7664-2418-8

慶應義塾大学教養研究センター選書

1 モノが語る日本の近現代生活—近現代考古学のすすめ
桜井準也著 ◎700円

2 ことばの生態系 —コミュニケーションは何でできているか
井上逸兵著 ◎700円

3『ドラキュラ』からブンガク —血、のみならず、口のすべて
武藤浩史著 ◎700円

4 アンクル・トムとメロドラマ —19世紀アメリカにおける演劇・人種・社会
常山菜穂子著 ◎700円

5 イェイツ—自己生成する詩人
萩原眞一著 ◎700円

6 ジュール・ヴェルヌが描いた横浜—「八十日間世界一周」の世界
新島進編 ◎700円

7 メディア・リテラシー入門—視覚表現のためのレッスン
佐藤元状・坂倉杏介編 ◎700円

8 身近なレトリックの世界を探る—ことばからこころへ
金田一真澄著 ◎700円

9 触れ、語れ—浮世絵をめぐる知的冒険
浮世絵ってどうやってみるんだ?会議編 ◎700円

10 牧神の午後—マラルメを読もう
原大地著 ◎700円

11 産む身体を描く—ドイツ・イギリスの近代産科医と解剖図
石原あえか編 ◎700円

12 汎瞑想—もう一つの生活、もう一つの文明へ
熊倉敬聡著 ◎700円

13 感情資本主義に生まれて—感情と身体の新たな地平を模索する
岡原正幸著 ◎700円

14 ベースボールを読む
吉田恭子著 ◎700円

15 ダンテ『神曲』における数的構成
藤谷道夫著 ◎700円

表示価格は刊行時の本体価格(税別)です。